"两弹一星"元勋
故事丛书

姚桐斌：
热血擎天人

YAOTONGBIN REXUEQINGTIANREN

王秋燕 著

青海人民出版社

图书在版编目（CIP）数据

姚桐斌：热血擎天人 / 王秋燕著 . —— 西宁：青海人民出版社，2024.8
（"两弹一星"元勋故事丛书）
ISBN 978-7-225-06737-7

Ⅰ . ①姚… Ⅱ . ①王… Ⅲ . ①姚桐斌（1922-1968）—传记—青少年读物 Ⅳ . ① K826.16-49

中国国家版本馆 CIP 数据核字 (2024) 第 098019 号

"两弹一星"元勋故事丛书

姚桐斌： 热血擎天人

王秋燕　著

出 版 人　樊原成
出版发行　青海人民出版社有限责任公司
　　　　　西宁市五四西路 71 号　邮政编码：810023　电话：（0971）6143426（总编室）
发行热线　（0971）6143516 / 6137730
网　　址　http://www.qhrmcbs.com
印　　刷　青海雅丰彩色印刷有限责任公司
经　　销　新华书店
开　　本　890 mm × 1240 mm　1/32
印　　张　7.375
字　　数　130 千
版　　次　2024 年 8 月第 1 版　2024 年 8 月第 1 次印刷
书　　号　ISBN 978-7-225-06737-7
定　　价　34.00 元

前　言

接受这个任务的当天，我就后悔了。

姚桐斌，这个名字我不熟悉，是第一次听说。

是我孤陋寡闻吗？

我又去问几个朋友，他们也说不知道。

于是，我又去问我的一位老领导。

"姚桐斌可太难写了……"老领导说："国家公认的 23 位位'两弹一星功勋奖章'获得者中，有两个人很难写，其中一位就是姚桐斌。"

为什么难写？

难就难在他为人低调，又英年早逝，他是火箭材料专家，对我国早期的"两弹一星"事业贡献极大，但知道这一点的人却又少之又少。有关他生平的文字资料更是屈指可数。即使有几本薄册子，所提供的信息也都像是他的个人生平年谱，很难让我们深入了解这位功勋卓著的科学家。

这让我犯难，也激起了我接受这一挑战的勇气。

于是，一次次在台灯下直到黎明时，我经常悄悄地站在这位航天科技界令人景仰，却在其他方面默默无闻的科学家面前。

我静静地观察他、了解他、思考他，不放过可以找到的每一个细节。虽然直到此刻，我仍然不能说他的形象在我心目中已经是完整的，但我知道，这形象已经变得越来越清晰了。

毛主席曾以"一个高尚的人，一个纯粹的人，一个有道德的人，一个脱离了低级趣味的人，一个有益于人民的人"这样的话赞美过他人。而我认为，这段话用在姚桐斌身上同样合适。

关于姚桐斌，网络上对他的介绍是这样的：

姚桐斌（1922.09.03—1968.06.08），"两弹一星"元勋，他是中国优秀的航天材料、火箭材料及工艺技术专家，中国航天材料工艺技术的奠基者。1968年被"革命群众"以"反动学术权威"的名义暴打致死，时年46岁。

看到这，我的心里"咯噔"一下，很痛，仿佛自己受到了棒击，感觉在流血，不禁发问：这样一个优秀鲜活的生命，为什么会在 46 岁戛然而止？

接下来，更让我震惊的是，他不是因病，也不是因其他的意外去世的，而是被人打死的。在这么一个重要的科学家身上发生过一桩凶案，引起我强烈的探究欲望。

暴徒是何人？谁给他们的胆量？难道他们之间有着什么冤仇？暴徒们为什么要对一个埋头科研的工作者下如此狠手？

所有的问号，都成了一个个疑团，没人能回答，致使我迟迟下不了笔。有些问题就像雾一样飘在我眼前，无论你眼睛睁多大，都无法透过现象看本质。我感觉很无助。

直到动笔前，关于姚桐斌的人和事，我仍未完全梳理清楚。而交稿的时间，一天天在逼近。这时的我，别无选择，只能打开电脑，让自己沉静下来。

随键盘敲击，那段尘封且让我困扰的往事，渐渐从键盘上浮现出来，而姚桐斌的形象，也开始变得清晰了……

目 录
contents

一

1968 年 6 月 8 日，星期六。
是许多小分居的家人团聚的日子。

姚桐斌和夫人彭洁清也过着一周一聚的小分居生活。
那时候，一周六个工作日。
星期六也要上班。
姚桐斌他们没有享受过双休日。

彭洁清是某大学的英语教师。
那所大学在北京的西边。
她周一一早出门赶公交车上班，周六下午再乘公交车返回，并和家人团聚。
他们家在姚桐斌所在的单位，即中国运载火箭技术研究院的家属区，35 栋楼。

那时，人们把这栋楼叫"校官楼"，因为这栋楼里住的都是所级领导和专家，衔职都在校官以上。

那时，交通不发达，一程下来就得花掉大半天时间。

每次回家，彭洁清都是归心似箭，嫌公交车开得太慢。

她下午从学校出发，到家都得五六点钟。

她用文字这样描述自己的心情：

"一周来，我天天盼望着回家，每个星期一，一到学校，我就计算着日子，在日历上，一天撕掉一页，好不容易盼到星期六，我可以和桐斌相聚了。万般情意涌上心头，桐斌一定也是翘首以待，期盼着我们六天一次的相聚。"

这是彭洁清在《航天情》一书中写的段落。字里行间，你能感受到这对夫妻相爱有多深。这本书第一章的小标题即为《亲爱的，星期六见》！

每个周一的清晨，天蒙蒙亮，彭洁清都要早早起床去赶公交车。

不论多早，姚桐斌一定会骑上飞鸽自行车，把彭洁清送到公交车站，

看她上车，看她找个靠窗的位置坐下来，他才放心地离开。

有一次，姚桐斌出差去芬兰，刚回家，时差都没倒过来，他仍坚持去送她。

彭洁清不肯让他送。

他说："我们聚少离多，应该充分利用这难得的时间。"

他如此珍惜和她在一起的时间，冥冥之中像有什么不祥的预感。

每一段时间，在他们眼里都是爱情。

一个在车上，一个在车下。四目相对，那种难舍难分，无法用言语表达，但她还是会轻轻地，几乎是用心语对着车窗下的爱人，重复着："亲爱的，星期六见！"

在半个世纪前的中国，几乎很少有夫妻称呼对方"亲爱的"，不习惯、有点酸，但如果你想到他们是留洋归来，对这种西式表达，就不难理解了。

每个周六的下午，都成了他们的期盼。

在车下的姚桐斌，朝妻子重重点头。

一切尽在俯仰之间。

一个丈夫对心爱的女人的承诺和期许，也尽在点头中。

这是每个周一，他俩重复的小小仪式。

直到上面提到的那个黑色日子，让一切戛然而止。

姚桐斌是航天材料及工艺研究所的所长。

顾名思义，这个所的任务就是研制火箭材料和工艺。

火箭技术是集合现代化科学技术最新成就的一门综合性技术和系统工程。火箭的设计确定后，最需要解决的关键问题是材料工艺及电子设备。如果材料和工艺不过关，再好的设计方案都没什么用处。

20世纪50年代，我国的材料工业水平不高，连一些低合金钢都生产不出来，更谈不上对质量要求很高的航天材料了。因此，由姚桐斌率领的火箭材料研制工作，均是从零开始。

在研制完这些材料及其相应的工艺后，还需要对这些材料进行超高温、超低温、振动、密封、烧蚀、腐蚀、老化等试验。

其研制之困难，付出之艰辛，是我们这些外行和后来人无法体会的。

最了解姚桐斌的人，莫过于他的妻子彭洁清。她在《航天情》里，这样总结姚桐斌取得的成就：

> 姚桐斌在国外主要从事液态金属凝固过程的专题研究，从没做过火箭材料工艺这方面的工作，他后来能成为我国火箭材料工艺专家，除了他掌握渊博的学识和扎实的基础外，与他分秒必争、孜孜不倦地学习以及从小培养的良好学习习惯是分不开的。

姚桐斌就是这样一个人。

当中国的火箭，一次次呼啸着，向茫茫的苍穹飞去时，我们一定要记住这三个字：

姚——桐——斌。

二

那一年，"红色风暴"已席卷了两年。

六月以来，院里的两个派性组织间经常发生小规模的冲突。

瘫痪、停工。文斗、武斗。

为了安全，单位里许多员工不上班了，个别车间和研究室处于瘫痪状态。

姚桐斌心急如焚。

为了火箭材料工艺争分夺秒的姚桐斌，看着宝贵的时间一天天浪费，他该多焦心。

姚桐斌多次出面劝阻那些受蒙蔽搞派性的群众，劝告他们回去"好好工作，不能搞这一套东西"。

他想改变这一状态，找来几位干部，和他们探讨，恢复科研生产，把浪费的时间抢回来。

但大家都摇头叹息，面对这样的情况，无人有计可施。

姚桐斌也身心疲惫，无力回天。

但他不甘心。

姚桐斌不知道，这场席卷一切的风暴，不光扰乱了人们正常生活、科研生产的秩序，还将给他的生命，按下停止键。

一开始，所里有一个负责人鼓动一些不明真相的群众，贴姚桐斌的大字报，贴得铺天盖地，给姚桐斌戴上的帽子是："个人主义""成名成家""白专道路"和"资产阶级反动学术权威"等，都是些莫须有的罪名。

姚桐斌很淡定，但妻子不禁为丈夫担心。

姚桐斌安慰妻子，告诉她不用害怕，对群众提的意见，他会有则改之，无则加勉。

为了宽她的心，他把情势分析给她听，说有的人迫于形势，不得不贴他的大字报。贴什么内容呢？说他每次出差，都挑星期六回来，就是为了少上一天班，在家多休息一天；还说他去上海出差，买了十几双鞋……多好的同志啊，他们没有给他乱扣政治帽子。说完，他还笑了笑。

"亲爱的，你还是要小心。"

姚桐斌拍拍她的手说，"你放心，我这里相对安全。倒是你要小心一些。"

覆巢之下，没有完卵。

姚桐斌对妻子的担心，不是没有来由。

彭洁清在学校工作，面对的都是年轻的学生，更容易冲动。

上个星期，有位女生曾责问彭洁清："你怎么还穿瘦腿裤、尖皮鞋？！"

彭洁清马上解释："我已经买了一条布裤子和一双布鞋，我这就去换。"

那位女生还算手下留情，没有拿剪刀直接剪她的裤子，但仍用手指着她的鼻子说："你呀，就是换上布裤布鞋，也改不了你那资产阶级的派头。"

这气势，彭洁清知道惹不起，赶紧躲，但那女生的声音还是在她的身后响起来："哼，瞧她走路的样子，就是个资产阶级分子！"

彭洁清长这么大，是第一次听说走路还区分阶级，她很想问一问那女生是如何区分的？但她忍住没去"请教"。

你做得对，姚桐斌表扬彭洁清，我们不跟她计较。

这天晚上，彭洁清看见对面一个老师的家被抄，他们把他写给妻子的信全部没收。这让她吓得不轻。第二天正好星期六，吃完午饭，她赶紧收拾东西匆匆往家赶，家才是最安全最温暖的地方，她只要看见桐斌，所受的惊吓和委屈都会烟消云散……

他和她都不知道，危险正在一点点临近……

看见外面这么乱，环境这么糟糕，他又经常去单位加班，彭洁清着实担心他的安全。

每年开花的季节，姚桐斌会花粉过敏，每天眼睛红肿，喷嚏不断，有时还流清鼻涕，别人不知道还以为他患了重感冒。严重的时候发高烧，跟重感冒是一样的。可重感冒最多一个礼拜就过去了。过敏可不是一个礼拜，一直持续一个多月。非常折磨人。

彭洁清看着他难受的样子，趁机让他在家多休息，不用去上班。

姚桐斌多次说："光拿工资不干活，于心不安啊。"

身为研究所所长，姚桐斌明白他无法掌控大局，但管好自己总是可以的。他给自己提出严格要求，必须做到：不随波逐流，以身作则，按时上下班，专心致志工作。

姚桐斌还做到了一边钻研科技，一边学习毛主席著作。

只是，静下心来，看到眼前的乱局，还是忍不住心痛。

正当姚桐斌一筹莫展时，接到一份聂荣臻元帅关于国防科研规划的文件。聂帅在这份文件里提出：我国科研工作应该尽快出人才、出成果。

聂帅还强调：属于技术上的事应该由技术人员来决定，各级要有技术指导员，对他们的工作我们要支持……

人们把聂帅这份文件简称为"科研工作14条"。

这"14条"，让姚桐斌为之一振，马上向全所人员传达，说到激动处，姚桐斌还热泪盈眶。最后，他无比兴奋地向大家表决心："只要能把我国的航天事业搞上去，我就是死了也甘心，同志们，我们大家努力吧！"

当时，他的肺腑之言还感动了会场的全体员工，两派的群众组织也一起振臂高呼："毛主席万岁！"

之后，好几个科技干部的心情都难以平静，大家也难得有这种好心情。晚上，便相约着去看望姚桐斌。

那晚，他家的客厅，成了小小的会场。你一言我一语，讨论之热烈，气氛之友好，让大家都难以忘怀。

姚桐斌心情仍然无比激动，信心十足地对大家说："等'文革'过去，我们好好地干一场！"

一位留学苏联的工程师回忆说："我们听了姚所长的话，都拼命鼓掌，他说出了我们科技干部的心愿！"

这何尝不是姚桐斌的心愿！

但很快，就有人贴出大字报，说这"14条"，是一棵"大毒草"，说它不抓阶级斗争，走资产阶级道路，是修正主义纲领。

还有人在大街上挂大标语：炮轰聂荣臻！

早在国外留学时，姚桐斌就是国际焊接学会会员。他先后到过瑞士、芬兰、南斯拉夫等国参加会议，和各国科学家进行过学术交流。

1963 年，国际焊接学术会议在芬兰召开，姚桐斌率领中国代表团前去参加。这也是中华人民共和国成立后第一次列席国际焊接会议。

这次会上，姚桐斌会见了不少老朋友，也结识了不少新朋友。

这个时期，姚桐斌对焊接疲劳（断裂）现象颇感兴趣，就此和同行们交流了经验。他的学术见解、纯正的英语以及流利的德语，都给与会的人员留下了深刻的印象。

在交谈中，有位外国专家好奇地问姚桐斌，"你在我们国家工作那么久，为什么舍弃良好的研究条件回到中国？"姚桐斌毫不迟疑地回答："我是中国人，当年出国留学，就是为了学成之后回去报效祖国。别看现在中国比较落后，将来一定会强盛起来的！"

姚桐斌这番发自内心的话，深深打动了在场的每一位外国友人，他们的脸上露出了由衷的敬意。但他们的眼神里仍然留着某种疑问，一位科学家能否凭借对祖国之爱，让他的祖国在航天领域实现腾飞的梦想？假如今天他们还活着，看到今日中国航天事业取得的成就，又会作何感想？而我们更想知道，这位五十多年前，似乎在用豪言壮语描绘未来的人，亲眼见到自己的预言成真，他会是怎样一种表情和心情？会不会像毛泽东诗词里所写的那样，"忽报人间曾伏虎，泪飞顿作倾盆雨"？

也是在芬兰会议期间，姚桐斌向会务组讨要了一些会议的资料，并带回国。一个会务工作人员很不友好，提出一些对中国极其不负责任的言论。姚桐斌没有当场反驳他，而是作了耐心地解释："你提的问题，可能是受到你们国家报刊的影响，而我的回答是我本人亲眼所见的，事实胜于雄辩，对吗？！"姚桐斌地道的英语和实事求是的态度，使提问者信服了。随后他面带微笑，并恭敬地将资料递给了姚桐斌。

在回国途中，有人提到这个令人不愉快的事情，姚桐斌开导他说："外国人瞧不起咱们中国人，是历史的偏见。我们更要争口气，奋发图强，将来拿事实给他们看！"

从芬兰回来后，姚桐斌完成《国际焊接技术的研究发展动向——记国际焊接学会第十六届年会》一文。并向上级领导写了一份报告，建议我国科学家应积极与外国科学家保持联系，多参加国际学术会议，开阔视野，增长知识。他的建议得到了主管部门的重视。自此之后，我国多次派出代表参加国际焊接学会的年会，并争取到该学会第47届年会在中国召开的机会。

自从回国后，他和那些国外的朋友中断了交往。

三

1957 年 10 月 4 日，发生了一件轰动世界的大事：苏联成功发射了第一颗人造地球卫星——斯普特尼克 1 号。

仅一个月后，苏联又成功发射了斯普特尼克 2 号。将小狗莱卡送入太空。

苏联向世界宣布，人类进入太空时代。

这是世界航天史上一个重要的里程碑。

苏联在航天领域取得的重大成就，震惊了许多人。

有一个人，也受到极大的鼓舞，他写下了自己的心得："在社会主义制度下，科学将以极快的速度发展……我现在完全了解，在发展科学技术方面，社会主义比资本主义更具优越性，因为在社会主义国家里，党一面会按照需要去组织和培养科学技术队伍，一面会给予这支科学队伍最有效的支持和最好的武器。共产党领导下的科技队伍是战无不胜、攻无不克的，世界上将没有任何力量能阻止这支队伍向征服宇宙、支配宇宙的理想前进！"

这是一个在西方发达国家受过高等教育的青年科学家，

在被社会主义国家的领先科技所震撼之后，对社会主义制度由衷信服，随之激发出的为自己祖国干同等大事的雄心壮志。

可他还不知道，他也将成为那支征服宇宙、支配宇宙队伍中的一分子。

更巧的是，这位年轻的科学家，就在 1957 年 10 月，从海外学成回到祖国的怀抱，来到了首都北京。和他一起的还有十二位海外归来的赤子，正在等待国家的分配。

这个青年科学家，就是姚桐斌。

当时，有好几个单位向姚桐斌发出邀请。

时任中国科学院金属研究所所长李薰，知道姚桐斌回国后，和他取得联系，邀请他北上沈阳，到他们所去工作。

李薰十分爱惜人才。早在英国的时候就认识姚桐斌，对他的学识和人品都非常认可和欣赏。李薰告诉姚桐斌，到他的单位工作，一定大有可为，能实现科学报国的理想，因为位于沈阳的金属研究所是当时中国研究力量最强、设备最全、专业最多的一个研究单位。

清华大学教授李恒德也找到姚桐斌，请他去清华大学任教。

李恒德是一位留美回来的教授。他在美国留学时，是留美学生进步组织"留美中国科学工作者协会"的负责人之一，他和姚桐斌一直有书信往来，交流学习和工作情况。

此外，北京钢铁学院（今北京科技大学）也向姚桐斌发出邀请，认为姚桐斌在金属物理化学性能方面的研究已经达

13

到很高的水平，他到钢铁学院铸造专业任教再合适不过……

但有位元帅看中了姚桐斌，点名要他去国防部第五研究院工作。

这个人就是聂荣臻。

第五研究院，一个很神秘又严格保密的单位。

姚桐斌和亲属们都闻所未闻，

20 世纪 50 年代中期，由于我国经济十分落后，工业基础和科技力量也相当薄弱。根据国防建设的需要，党中央、国务院决定集中有限的人力、物力、财力，重点发展我国以导弹、原子弹为代表的尖端技术。国务院总理周恩来主持中央军委会议，还专门听取不久前回国的火箭专家钱学森博士关于在我国发展导弹的规划和设想。党中央果断作出发展导弹技术的决策，指出了我国国防科学技术的主攻方向，对我国国防建设和科学技术的发展，具有重大的战略意义。

1956 年 10 月 8 日，我国第一个导弹研究机构——国防部第五研究院正式成立。

钱学森被任命为第五研究院的院长。（1955 年 10 月，在中国政府严正交涉下，钱学森冲破重重困扰，从美国返回到祖国。）

两年后，即 1958 年，腊月初七，青年科学家姚桐斌冒着严寒，热血沸腾地离开坐落在前门外一个胡同里的专家局招待所，前往国防部第五研究院报到（简称五院）。

就是这一天，姚桐斌第一次见到比他早回国的钱学森。

钱学森竟然和姚桐斌一样，都身着蓝布棉衣，头戴蓝布棉帽。

两人见面，相视一笑。

没有问候，也没有握一握手。

按说，初次见面双方都该说点什么，只是这意味深长的相视一笑，可能意会胜于言语吧。

或许还有别的什么因素，比如心情。

当时，钱学森处于什么样的环境中呢？

新中国成立后，人才奇缺。

大学毕业生少之又少，导弹火箭方面的人才更是凤毛麟角。而导弹是一种尖端武器，它的研制需要科学家、设计师和工程师。

后来，专门的研究机构成立了，也争取到了"苏联老大哥"的援助，但这个事业仍然举步维艰。

它缺的东西太多，其中缺了一个重要的组成部分：人才。

搞导弹研究，还需要技术和设备，这是不言而喻的。但是，真正需要的是人才，没有人才，一切都无从谈起。

这一情况，当时聂荣臻和钱学森在创建的初期就预见到了。

钱学森万分焦急，甚至感到有些茫然，表示："既没有研究工具，也没有研究设备……真是觉得作科学研究寸步难行，简直急死人……我不知道在艰苦的环境中奋斗、找出路，怎样白手起家。"（张纯如：《钱学森传》）。

钱学森几乎以质问的口气，对导弹管理局的局长钟夫翔说："导弹研究到底还干不干？搞不搞？要搞，就应该尽快调人，不能再拖了！"

钱学森又专门向聂荣臻元帅提出了导弹研制的最低人才需求，并用恳求的口吻说："这是起码的开展工作的人员。没有这样一批人，我国的导弹研制计划就会全盘落空，我请求中央和军委下定决心，抓紧调集人员。"

聂荣臻心里也是万分焦急。他根据钱学森的意见，给周恩来总理和国防部部长彭德怀写了报告，阐明了五院现有的科技力量是非常薄弱的，半数的研究室仅有一人，无法展开研究工作，对完成上述任务是非常困难的……必须于今年调集正、副研究员和助理研究员156名才能正常进行工作。

作为一位年轻的冶金学博士和材料专家，姚桐斌将在自己所熟悉的领域挑起大梁，贡献自己的才华，也将开启为中国航天事业献身的职业生涯！

钱学森和姚桐斌心里都知道，见面时的相视一笑，意会胜于言语。

也在这一笑里，包含了彼此的信任和共同的期待。

姚桐斌果然也没有辜负信任和期待。

四

姚桐斌，1922 年出生在江苏无锡黄土塘镇，童年靠父兄做小本生意的微薄收入读完了小学。由于家境困难，父亲觉得他粗通文墨记得了账，就不需继续读书，和哥哥一样，在家做个好帮手，长大后做个小本生意就知足了。

可学校的校长不干了，他说当了这么多年校长，才遇上这么个品学兼优的学生，不上学太可惜了。校长数次到姚家来劝说："像这样的好学生，我是第一次遇见，他要是不上中学，简直太遗憾了。"

大哥极力支持弟弟去上学，说："家里有我一个帮手就够了，让桐斌上学吧！"

姚桐斌的态度更是坚决，"我要上学。我就是要上学。"

父亲终于同意了。

姚桐斌如愿上了无锡县中学，成为黄土塘镇第一名中学生。

在无锡中学，姚桐斌是个质朴、踏实、勤奋又好学的学生。他各门功课都取得了优异的成绩，在班级里，他考试成绩总是名列前茅。

　　学校的校长徐冠杰是从上海圣约翰大学毕业的高材生，英语水平相当高，他总是亲自授课。他授课的一个特点，就是喜欢叫学生在课堂上背诵。别的学生都很害怕，就姚桐斌无畏无惧，因为他英语学得很好，心里很有底，每次他都背得滚瓜烂熟，一字不差。很得先生的赞誉，被树为全班的楷模。

　　平时，姚桐斌还做学生会干事，常常为《学风》校刊投稿。他还十分热爱体育，是个很不错的投篮手，总能在比赛中得很多分，是各方面都很优秀的学生。

　　姚桐斌如愿以偿，完成了初中学业，顺利地走出无锡中学的校门。

　　但这个时候，他又被一个无情的现实挡住了去路。他小学毕业想再升学时，是父亲出来反对，让他差点和无锡中学失之交臂。可这次不是父亲出来阻止，而是残酷的战争。

　　北平爆发卢沟桥"七七"事变后，8月13日黄埔江边又爆发了"八一三"事变，日军开始大举进攻上海。

　　上海沦陷了。

　　后来，无锡也沦陷了。

　　父亲觉得没什么。他看见二儿子辍学在家，便给了他一小笔资金，让他在镇上摆个小摊，卖些香烟、火柴、袜子、针头线脑之类的商品，以维持生计。

　　这哪里是姚桐斌的志向。可父命难违。

姚桐斌白天在小镇街头摆摊。晚上回到家中，就一头钻进课本里，开始艰苦地自学。

就这样，他没耽误学业。

这样的日子又过去了一年。有一天，姚桐斌再次向父亲表达继续求学的愿望，但父亲执意不答应。他和父亲激烈地争执起来。

就在这关键时刻，又是大哥站出来支持他，答应替他做父亲的工作。

后来，父亲勉强同意他去上学。

两年后，他带着一点点积蓄，只身来到上海成康中学读高中。半年后转入江南中学。

由于缴不起住宿费，他只好每天睡在教室里。买不起课本，只好向同学借，然后逐字逐句地抄写。

日本侵略者在占领区烧杀抢掠，同时实行奴化教育，规定学校不得悬挂中国地图，不得使用"中华"字样，教师要受严格审查，还要时常在特务的监督下上课，让日语成为国语，企图培养一代日本国的"良民"。

姚桐斌——一个有良知的爱国学生，怎么可能生活在日寇的铁蹄下，还要去学侵略者的语言——日语。

于是，他便瞒着父亲和家人，与四位同学一起，冒着生命危险，偷偷越过日军的一道道封锁线，终于逃出了上海。然后绕道浙江镇海，前往四川。他们听说那里还是一片净土，而且有很多很多的好学校。这让他们兴奋无比，也有了无限向往，便下决心去内地上学。

不料，到了江西，姚桐斌不幸得了伤寒，发热、头痛、呕吐、乏力……一齐向他袭来。继续赶路已经不可能，只好停下来，借住在一个农民家里养病。

眼看考期一天天临近，那几位同学不能等待姚桐斌痊愈，给他留下一些财物，拜托这家好心人照料病人，然后继续赶往四川。

姚桐斌一人独自留在了江西。

躺在病床上的姚桐斌，呆呆地盯着屋顶，心里火烧火燎，却想不出该如何是好。四川是肯定赶不过去了，掉头回上海，自然不行，刚从日军的封锁线一关一关闯过来，没出差池已是命大。回无锡老家另谋出路？这也不是上策，尤其对支持自己上学的大哥，怎么交待？

他从未有过的迷茫、困惑涌上心头。一边被伤寒折磨，一边落入进退两难的处境……

正是梅雨时节，外面淅淅沥沥下着雨，犹如他的心境。

什么时候能见到万里晴空？

正当姚桐斌为自己的前途一筹莫展时，他得到一个好消息：江西成立了国立十三中学。

这真是"祸兮福之所倚，福兮祸之所伏"。

也是天赐良机，这时他的身体也得以康复。

经历这些磨难后，姚桐斌坚强得像个勇士，他要奔向"战场"了。

他怀着感激之情，辞别了悉心照料他的老乡，以最快的速度到达考场。

姚桐斌于 1939 年终于到达江西吉安县，顺利考进了国立十三中的高中部。

父亲得知此事后，觉得二儿子为了上学，去冒这样的险，而且不跟家人商量，越想越后怕，越想越生气，最后震怒了。他大骂暗中给姚桐斌接济的大儿子，还不让三儿子和小女儿上学了。

父亲还是不解气，又火冒三丈地给二儿子写信，训斥他大不孝，从此不许再踏进家门，"你回来，我就打断你的腿！"

这次真的把父亲惹怒了。

姚桐斌知道，在信里给父亲解释不清楚，只能暂且搁置不提。

他也明白，这时候最重要的是学业。

吉安是中国历史上著名的民族英雄文天祥的故乡。离吉安二十公里远有一座名山，叫青原山，海拔 320 米，连绵 10 余里，被南宋著名诗人杨万里誉为"山川第一江西景"。

山上有一座建于明代的坐北朝南，占地十余亩，分东西两院、上下两进的青原书院，战时成立的十三中就设立在这里。

国立十三中和其他中学一样，都是抗日战争爆发后成立的学校。

据史料记载，这些国立中学大多招收沦陷区的学生。他们大多是背井离乡、无依无靠、无家可归的学生，所以住宿费用由国家负担，直到毕业。

不仅是学生，国立中学的老师们大部分也来自沦陷区。他们为了逃避战乱而供职于这些国立中学，他们中有许多名牌大学的教授和讲师，有了他们的加入，教学水平自然不会太低。

姚桐斌非常喜欢这所中学，不是喜欢这里的绿水青山，而是喜欢这里浓郁的文化气息。和外面兵荒马乱的氛围相比，这里就是世外桃源，更是读书学习的天堂。

没多久，陈颖春校长就发现了这位勤奋好学、用功刻苦、考试成绩总能遥遥领先的学生——姚桐斌。

陈颖春早年就读于北京大学物理系，毕业后又去德国留学。就读北京大学时，受蔡元培"兼容并包"思想的影响，在聘任教师时讲究学识、品德和教学水平，在办学方法上主张"德、智、体、乐、群"并举。

乐，就是快乐，群，就是合群。

那时候，经费困难，物资短缺，又有上千名学生，生活十分艰苦。陈校长便鼓励师生一起过集体生活，共渡难关。

每逢周末和假日，组织师生开展文化活动，既培养了兴趣，又丰富了生活，还增强了凝聚力。

1941年，姚桐斌高中毕业了。

他在江西全省会考中，取得个人总分第一名。

这不仅是他个人的荣耀，也为十三中争了光。

陈校长发给他一笔奖金，以资鼓励。

姚桐斌依依不舍地离开了国立十三中。

他很珍惜这笔得之不易的奖金，决心要把它派上最大的用场。

他把这笔钱变成了报名费和路费。跑到几百里外的湖南去参加几所大学的招生考试。

为了节省开销，他把花费压缩到了最低限度，一路上不是借住学校，就是投宿祠堂，而且平均一天都吃不到一顿饭，经常饿着肚子。

考完试后的两个月，姚桐斌一边做临时工，一边等待消息。

结果，令姚桐斌喜出望外的是，武汉大学、湖南大学、中山大学、湘雅大学和交通大学唐山工程学院均给他发来了录取通知书。

最终，他选择了当时迁往贵州平越的交通大学。

五

历史悠久的交通大学唐山医学院，是中国著名的大学之一，素有"东方康奈尔"之称。学院创办于 1896 年，当时的名字叫"山海关北洋铁路官学堂"，是中国第一所铁路学府。

1900 年，八国联军入侵时，山海关沦陷，师生离散。

1905 年，学堂在唐山重建，三年后更名为"唐山路矿学堂"。

1928 年，这所多次改名的学校，又更名为"交通大学唐山工程学院"。

1937 年，卢沟桥事变爆发后，唐山落入日寇魔掌。无奈之下，学院迁至湖南湘潭继续办学。

1938 年 11 月，日寇占领武汉，进攻湘北，学校被迫再次迁移，历时七十多天，行程二千余里，到达贵州中部平越县。

走进唐山工程学院，姚桐斌发现自己的选择是对的。

这里确实是一所求学读书的好学校。

院长是中外知名的桥梁专家茅以升，他自己以前也是这所学校的学生，毕业后又公费留学，1917 年获得美国康奈尔大学硕士学位。1919 年获得美国卡耐基理工学院博士学位。

1920 年回国，主持设计了铁路、公路两用的钱塘江大桥。

茅以升还是一位著名的教育学家，很早就提出工科教学要理论联系实际，主张"先习后学，边习边学"，要求科研、教学和生产相结合，这一教学思想，对唐山工程学院产生了重要影响，也造就了姚桐斌。

姚桐斌还发现，唐山工程学院云集了一批著名的教授，而且这些教授铁面无私。他所在的矿冶系一位年近花甲的教授，平时为人和蔼可亲，把学生视为自己的孩子，但在关键问题上决不退让半步。无论你怎么求情，他绝不会给你的成绩单上多加几分。

正是因为有这样一批严格的老师把关，考上唐山工程学院很不易，读出来则更难，这也叫严进严出。

一般情况下，两门不及格，会留级；三门不及格，就有可能被学校开除。一旦被开除，这些本来就无家可归、靠公费上学的学生们相当于失业了。所以，这批学生都会拼命地学习。姚桐斌也如此。

用现在的话说，从小学到高中，姚桐斌都是班上的"学霸"。但唐山工程学院人才济济，各省会考第一二名都汇集在这里，不要说在这里人中拔尖，就是不落人后，也得付出几倍于他人的努力，姚桐斌深知这一点。

唐山工程学院不论是讲课还是教材，就连教授自己编的讲义也全都是英文的。姚桐斌虽然英语基础很扎实，但他仍不敢掉以轻心，每天早晨天蒙蒙亮就起床，去山上背单词、记语法、朗读课文。这对姚桐斌后来用外语去搜索信息、掌握资料有极大的帮助。

不仅是英语他认真对待，其他各门课程都很努力。工程画是一门很费时间的必修课，而且学校的绘画用具非常简陋，像三角板、三棱尺、丁字尺都是自制的。画图纸也是新闻纸代替的。即便这样，他画出的图纸线条均匀又漂亮。

他的课堂笔记做得完整清楚，班里同学经常来借。他乐于助人，给同学们耐心讲解不明白的问题，直到他们弄懂为止。同学们都很喜欢这个严肃认真、勤学苦读的姚桐斌。

无论条件多么艰苦，丝毫不影响姚桐斌成为一个"学霸"。

姚桐斌的好友董谦瑞先生这样回忆："姚桐斌给我的印象，是个非常严肃、认真、勤学、苦读的好学生。从他的衣着来看，他的经济很困难，经常穿一件灰色土布棉衣。每晚自习时间，总见他一手抱一大沓书，一手提一盏油灯，不知道到什么地方独自用功去了，一直到很晚才回宿舍就寝。不管天晴下雨、冷天热天，都是如此……"

从短短的言语中，就能看出姚桐斌是个什么样的人。

业余时间，姚桐斌很少参与课外活动，他几乎把时间都用来埋头学习。当然，凡是与学习有关的活动，他一定会参加。

有同学在学校附近的山谷里发现了锰矿源，他听说后很兴奋，马上组织同学去采标本，分析地质构成，检测化学成分，并在校内通报了这一发现。利用课余时间，他还办起了矿物标本陈列室。

姚桐斌大学期间为了不向家里要钱，他勤工俭学，为学校做打扫实验室、分发邮件等工作。另外，还为当地一位高中学生补习物理，用来补贴生活上的开销。尽管如此，他的生活仍然很清苦。

1944年，战乱又一次破坏了唐山工程学院全体师生的正常学习和生活。

日本侵略者开始进攻广西，在占领桂林和柳州之后又兵分三路入侵贵州，攻占了黔南独山，而平越距离独山仅百余公里，形势十分危急，平越陷入一片混乱。

11月16日，学校公告全校，暂时停课，去重庆集中。

姚桐斌和全校师生一样，向重庆迁徙。

在彭洁清的书里有这样一段记载："在姚桐斌上四年级时……校方宣布迁到重庆。但没有足够的车辆，同学们便设法搭便车或者干脆坐'11路车'（两条腿走路）。同班同学施先生很幸运地搭上了卡车。他回忆道，'我在贵阳到重庆的公路上看到一具冻死的尸体，衣服已被人剥光，因车在行走，无法下车观察。日军侵华，对我国的损害不能光以前线的屠杀估计，间接死在侵略者屠刀下的，比南京大屠杀更凶暴、更残忍。'"

姚桐斌没有施同学那么幸运，他"卖掉仅有的衣服，积一点路费，毅然挑起行李上路。脚下的公路艰险，沿着半山的悬崖路，绕上十二弯，跨吊石岩，过娄山关。那时，正是寒冬，娄山关上结了冰，上下坡打滑，有时还得爬行，肩上又挑着行李……走走停停，千辛万苦。手中的钱用光了，于是在一个纺织机械厂做了一段时间的小工，三个月后才到校报到，继续刻苦学习，为报效祖国做准备！"

的确，唐山工程学院的师生们迁移重庆时，因路途遥远，经常是顶着寒风雨雪，翻山越岭。据说，一路上但凡遇到困难，他们耳畔都会想起前任校长茅先生的声音：抗战必胜，日寇必败！国家的前途是光明的，中国不会亡，我们一定能找到读书的地方……他的每句话，都温暖着师生们的心，给予了无穷的力量和战胜困难的信心。

经过三个月的艰难跋涉，他们陆续到达重庆。罗忠忱校长在老校长茅以升的帮助下，已经把学校安置在重庆璧山县丁家坳一座交通技术人员的训练所里。

2月的一天，唐山工程学院终于又复课了。

这些艰难困苦的经历，姚桐斌都当成人生的财富。后来，当他在材料及工艺研究所任所长时，科研的道路上遇到"拦路虎"，他还会用茅老先生的话激励自己，坚定信念，攻克难关，去取得胜利！

六

姚桐斌的短暂人生，在十六岁之后，正好可以分为三个十年。

第一个十年：在国内上学；

第二个十年：出国留学；

第三个十年：回国效力。

其实，每个人的人生都差不多，从出生咿呀学语到金色童年，背上书包寒窗苦读，完成学业后，走上工作岗位，做个对社会有用的人。一般的人，这一路走过来，三十年也就很快地过去了。

姚桐斌也如此。

但不同的是，你用十分的努力，他可能会用十二分的努力。就是这么一个小小的差别，就显示出人与人之间那样一点点的不同。就是这一点点的不同，你可能只是一个普通的人，而他则是一个对国家有巨大贡献的人。

但我们还是要看一看，姚桐斌人生的第二个十年，都在干什么，又添加了什么内容。

他的第二个十年，当然是在求学。他暗下誓言，不以优异成绩完成学业，就不回家面见父老。

于是他一边勤工俭学，一边发奋学习。

当时，他还是交通大学唐山工程学院的一名学生。

幸运的是，1945 年 8 月 15 日，日本投降了！

举国欢庆。

重庆也沸腾了！

一百二十万民众纷纷走上街头，载歌载舞，燃放鞭炮，庆祝胜利。在这狂欢的人群里有许多是正在上大学的学生。

就在大学生人群里，有个身材高挑、脸庞清瘦、样子斯文、英俊帅气的年轻小伙子，他就是姚桐斌。

这年，姚桐斌大学毕业了。

在毕业考试中，他的总成绩又是全校第一。他被选为美国斐陶斐荣誉学会的学员。

这是个国际性的组织，专门吸纳成绩优异的学生。

他所在学校的毕业生中，只有总成绩排在前两名的学生有资格当选。

姚桐斌就是这两名当选的学生之一。

大学毕业后，姚桐斌没离开重庆，他还想搏一下，向着人生更高的目标攀登。这个目标，就是公费留学。

他找到一份工作，在北碚的经济部矿冶研究所当助理研究员。他一边从事研究工作，一边继续刻苦攻读。

同学们都很佩服他的毅力，加上他的聪明才智，都看好他一定能实现自己设定的人生目标。

1946年6月，姚桐斌参加了抗日战争胜利后第一次公费留学考试。

他报考的志愿是英国伯明翰大学。

这所大学，在中国只招三名冶金专业的学生。

考生之多，竞争之激烈，是难以想象的。

但姚桐斌的考试成绩又一次脱颖而出，他如愿以偿被伯明翰大学录取。

姚桐斌将要去英国留学了。

出发前，他要做两件事：一是回家；二是去南京参加出国留学培训。

八年了，他没回过一次家，苦熬了整整八年。

八年，他从一个懵懂少年，已经成长为一个玉树临风的青年，并且即将漂洋过海，到一个遥远的国度去留学深造。

在此之前，他要迫切地了却一个心愿，那就是回到自己魂牵梦绕的故乡，去看望自己无时无刻都在思念的父母和兄弟姐妹。

八年没见到自己的至亲是什么感受？

姚桐斌毕竟是个有血有肉的人，他怎么能不想家？其间因战乱，作为一个在外漂泊的学生，又怎么回得起家？能顺顺利利把学业完成，已是不易了。

在外学生大都贫困，而姚桐斌又属于最清苦的学生之一，别的同学多多少少会有家人或亲戚提供经济援助，他却一点也没有。

自惹父亲生气后，父亲真的不再给他本来就不多的生活费用，让他彻底陷入经济的困顿。而事实上在当时战火纷飞的情况下，父亲即使不断绝他的经济来源，他也未必能收到从家乡寄来的钱物和信件。而这一切都没动摇他坚持学习下去的决心。

他信念坚定，一是将来有能力报效国家，二是有颜面见江东父老，这成了他当时奋发学习的强大动力。

他急于回家，想回家尽早解开久藏心中的心结。

这个心结，就是他和父亲的僵硬关系，尽管父亲表面上态度严厉，但舐犊之情始终在老人家的心里涌动，这一点姚桐斌何尝不知。但不知为什么，他还是有些惴惴不安，因为，他不知道如何面对不理解自己志向的父亲。

这一次是姚桐斌多虑了。

作为对儿子充满希望的父亲，他只是担心儿子的选择会让自己望子成龙的愿望落空。因为那个时代的人，对儿孙的期待都是光宗耀祖，完全没有科学救国这样的理念，但他的爱子之心是不可能消失的，更不会真的跟儿子断绝父子关系。即使曾以断绝父子关系威胁过儿子，也是一时的气话。只是话已出口，碍于为父的颜面，一时找不到台阶下而已。

当父子见面那一刻真的到来时，父亲却站在远处，喜极而泣。

那一刻，姚桐斌的热泪也夺眶而出。

这些年，家里的变化，也让姚桐斌感到震惊。父亲的粮食生意越做越红火，大哥的粮行也很兴隆，家里还购置了三十多亩粮田，他又成了公费留学生。这让父亲乐得嘴都合不拢了。

父亲真的以姚桐斌为骄傲，有姚桐斌这个有出息的儿子作榜样，父亲答应让他的弟弟妹妹继续上学。

后来弟弟妹妹皆不负父望，弟弟考上清华大学，妹妹考上北京大学，毕业后又去苏联留学。

1947 年春，姚桐斌出国后，家里又盖了二层楼房。他父亲在堂屋的墙上，挂了一块"耕读家风"的匾额，以此表达姚家诗书传承、光大门楣的愿望和喜悦，更显示出老人对家业兴旺代代赓续的勉励和期待。

　　姚桐斌沉浸在家人团聚的幸福之中，但静下来时，他又开始考虑出国的一些具体问题。他有两个顾虑，一是担心自己在优裕的物质环境中消磨自己的意志，同时怕所学的东西不能为国家所用。为此，他还写信给好友，诚恳向他求教，出国后应注意些什么。

　　这位好友回忆和姚桐斌交往的片段时表示很遗憾，桐斌给他的信，因为那个特殊的年月，一封也没保留下来，他给姚桐斌的信，倒是留在当时的日记里。

　　其中，有一段是这样写的：

　　　　……你信上说，要我给你一点 suggestions。我思量了一下，感到非常惭愧，因为我们都是一样的年轻、幼稚，一样的没有根底……

　　　　……现在讲讲你所提出的两个重要问题：怕因为优裕的物质环境沾染上资产阶级的习性，怕所学的对于人民大众没有什么直接用处。这两个问题倒是值得注意的。我的看法是：优裕的物质环境不会使一个已经有了相当清醒认识而又有坚定目标的人堕落的。……还有应该注意的是，不仅物质环境会影响人，人的环境对人有更大的影响，每每接触具有高尚理想的知识分子和纯洁淳朴的劳动者，就会使自己坚定和向上。其次，讲到所学和所用的问题，我认为你没有怀疑的理由……何况你所学的矿冶是一门重要的可以实际应用的科学……

姚桐斌看了好友的信，悬在心里的石头顿时落了地，也有底气了。

由此也可看出，姚桐斌从一开始就是一个严于律己，又积极向上的青年知识分子。

顺便说一下，出国的学生必须要去南京接受培训，学习一些外国礼仪、习俗、人情等。

正是姚桐斌和其他留学生一起在南京培训期间，彭洁清正在南京一所女子中学读高三。

后来，彭洁清问姚桐斌："如果我们早几年在南京认识，你会爱上我吗？"姚桐斌一本正经地回答说："不会，中学生年纪太轻，不应该交男朋友。"

这就是姚桐斌！他从来不说假话，哪怕是无伤大雅哄妻子高兴的善意谎言，他也从来没说过，这或许就是姚桐斌能做一个优秀科学家的基本品质。

用现代人的眼光看，姚桐斌就是国家的宝贵财富。可是这么一位优秀的科学家，当他正在为祖国的航天事业贡献自己才智的时候，也是祖国最需要他的时候，有的人却萌生歹意，要结束他的生命。

七

1957 年 9 月 7 日，一架伊尔 — 18 型飞机从西郊机场起飞，向北而去。

而这架飞机肩负的使命，最终将与姚桐斌的命运联系在一起。

这一天，姚桐斌还在西德冶金厂实习，即将准备回国。

自 1947 年 6 月 30 日告别祖国和亲人，漂洋过海，去欧洲求学，已经十年没回来了，比上一个八年时间还要长两年。

姚桐斌先在历史悠久的英国伯明翰大学的工业冶金系攻博士。

伯明翰位于英格兰中部，简称伯大，世界百强名校，全英第一所红砖大学。著名的标志性建筑是那座高高的钟楼。那里学术氛围浓厚，科研和工业生产紧密联系。

彭洁清介绍说，"桐斌师从终身教授康德西博士。来到异国他乡，桐斌除了一如既往地苦读外，同时注意到了发达国家的科技水平，进一步加深了科学技术对一个国家重要性的体会。"

在这里，必须先说一说姚桐斌是怎么苦读用功的。

有一个细节，让人读后不得不笑起来。

彭洁清在《航天情》里写过这样一段："桐斌的刻苦全校有名。在图书馆后面有一片幽静的小丛林，他经常在那里看书。有一些恋人也选择在那里幽会，他们跋涉爱河并不回避桐斌，他们知道，他的心完全沉浸在书本里，不会留意别人的事。"

从这里可看出，姚桐斌是一个能够沉浸在自己世界里的人，一旦钻进去，就心无旁骛，任何事都不会打扰他。

这不禁又让我想起他们一家人去北戴河休养时，除装了一箱书籍，姚桐斌什么都没带。休养期间，他也不怎么带孩子们出去玩，整天躲在房间里啃书本，搞得彭洁清很生气，见了人就告他的状。他只好耐心对彭洁清解释说："别孩子气，平时所里事太多，只有利用这个难得的机会，多看点书，为科研课题做准备；还得给一些同志审校译文，你多体谅我一点好吗？"

彭洁清向他人说："听他说得这么入情入理，我岂能再出怨言？"

从这里也可看出彭洁清的善解人意。

就在姚桐斌在英国潜心研究液态金属性能时，他身后的祖国正在发生翻天覆地的变化。

早在他于上海乘坐客轮航行在大海上时，人民解放军由战略防御转入战略进攻，将战火引向了"蒋管区"，开始大量歼灭敌人。从 1948 年 9 月到 1949 年 1 月，人民解放军先后进行了辽沈、淮海、平津三大战役，打败了国民党部队的主要力量，从而解放了长江中下游以北的广大地区。

随后，毛泽东和朱德又发起了渡江战役，一举摧毁了国民党五百公里的长江防线，占领了国民党政府的首都南京……最终，把国民党赶出了中国大陆。

1949 年，国民党倒台。

1949 年 10 月 1 日，毛泽东同志在天安门城楼上庄严宣告：中华人民共和国成立了！

与此同时，姚桐斌在伯明翰读书的"公费"也终止了。

他不得不面对基本的学习和生活费用断了来源的现实。为了一边继续学业，一边维持最低标准的生活，他不得不将两年的费用匀到四年花。

他租住在一个犹太人家的阁楼上，早餐就是两片面包和一杯茶水，连黄油都舍不得买。

但生活上的困难和窘迫一点没影响他的求知欲望，就在这样艰苦条件下，姚桐斌在 1951 年 12 月，以《对液体金属及合金的粘性与流动性的研究》论文顺利通过答辩，获得了英国伯明翰大学冶金学博士学位。

他的导师康德西博士非常认可这位勤奋好学、认真工作的中国学生，并称赞说："姚桐斌是我最好的学生。"

在这段艰辛岁月里，姚桐斌吃了多少苦，我们不得而知。

但一份高质量的博士论文，可以回答一切。从中我们也可以想象，这是一份什么样的苦。

姚桐斌是个可以在常人难以承受的时刻，调动自己全部能量，让自己燃烧的人。

1952 年 1 月，姚桐斌在英国伦敦帝国理工学院任实习指导员，并继续深造。

帝国理工学院，在英国仅次于牛津大学和剑桥大学，也是世界名校，其综合实力非常强大，培养了 14 位诺贝尔奖获得者。

在帝国理工学院的矿冶系主任费舍尔教授和冶金系主任丹那特教授的支持下，姚桐斌又开始对铝硅合金的热裂性能进行研究，并且很快拿出了研究成果和论文，并在伦敦帝国理工学院完成博士后。

姚桐斌学业、科研十分出色，但他绝不是一个只会读书的书呆子，他除了刻苦学习，还是个非常有能力的组织者。

早在读本科时，他就担任了学生会主席，当时在老师和同学们的心目中享有很高的威望。

这位"姚主席"显示出很高的组织和领导才能。在去英国的航海途中，同行留学生共有 9 人，他便提议结成"梅岭学社"，目的是组织"左倾自由主义者"，共同建设既经济繁荣，又有个人自由的新祖国。

这个"梅岭学社"到了 1949 年，已发展成员 12 人，分布在英国、法国、意大利，他们用通信的方式讨论"汉字改革""农村改革"等问题。

这个时候的姚桐斌，还属于一个满腔热血的进步青年，而不是一位成熟自觉的社会主义者，所以，他们的"梅岭学社"，最终由于种种原因不了了之。

后来，在英国留学时，姚桐斌还组织并参加了左倾的"中国科学者协会英国分会"和"中国留学生总会"，担任过留学生总会主席等职务。

在完成科学研究的同时，姚桐斌和在英国留学的进步学生一起系统地学习了毛泽东的《新民主主义论》《论联合政府》《中国社会各阶级的分析》《实践论》《矛盾论》等著作，并初步了解了马克思主义的基本理论。这使他向中国共产党人的理想大大地迈进了一步。

自新中国成立后，姚桐斌和海外留学生激动万分。学习之余，姚桐斌还到英国及欧洲一些地方演讲，宣传新中国。他们感到中国真正站起来了，再也不会受到帝国主义的侵略和欺侮，那个在上海租界的门口挂着"华人与狗不得入内"牌子的岁月一去不复返了。

这让姚桐斌和他的中国同学们欣喜若狂，彻夜不眠，他们还给中国发去热情洋溢的贺电，并得到回音。这更让他们兴奋不已。

与此同时，姚桐斌还连续写文章批驳那些在留学生中流传的一些攻击和怀疑新中国的言论，这在留学生中产生了很大影响。

1953 年，姚桐斌从伦敦帝国理工学院顺利毕业，留在该学院任教的同时继续进行研究工作。

这时，一件出乎意料的事发生了。

姚桐斌的一系列爱国行为，引起了英国政府的注意。

有一天，姚桐斌接到伦敦警察厅的通知，约他去"谈话"。

这次谈话实际上是宣布他为不受欢迎的人，让他限期离开英国。

这意味着把姚桐斌逼上了绝路。

但是，一个优秀的科学人才，就如同一块金子，在哪里都会发光。

天无绝人之路。就在姚桐斌为自己下一步走向哪里而举棋不定时，世界最负盛名的铸造学教授 —— 依·皮沃斯基听到此事后，向姚桐斌发出邀请，请他去联邦德国亚琛工业大学，并让他在自己领导的研究所工作。

姚桐斌毅然离开英国，接受了来自联邦德国亚琛工业大学的邀请，并先到慕尼黑大学进修德语，以提高自己的口语和听力。

1954 年 2 月，姚桐斌前往亚琛大学报到，并在冶金系任研究员兼助理教授。

姚桐斌工作认真严谨，和德国同事工作风格相似，深得大家的欢迎。

他的同事，后来任柏林大学教授的福洛贝格博士评价说："桐斌有着阳光般的魅力，研究所的所有同事都喜欢他、钦佩他。"

德国同事对姚桐斌很热情，经常邀他去参加狂欢节或舞会，锻炼了姚桐斌的舞技，他的舞跳得越来越好，尤其是华尔兹跳得非常出色，常常受到舞伴们的赞扬。这也大大提升了他的社交能力。

每天下了班，同事们总爱约他一块去喝啤酒、聊天。德国同事们生活优越，个个人高马大，有的还有啤酒肚，只有姚桐斌依然保持高挑挺拔的身材，让他的朋友们羡慕不已。

从姚桐斌管理自己的身材上，可看出他是一个十分自律的人，也是一个有情趣的人。

1957 年，他在德国的学校合同期满后，又去了西德冶金厂实习了一个月。

以上这些经历，也全方位塑造了一个近乎完美的姚桐斌。

这里引用一段原七机部副部长、火箭总设计师，也是"两弹一星功勋奖章"获得者任新民的话："老姚这个人很能干，除了技术水平高，他的组织能力也很强，这是不容易的。作为技术领导，完全是个读书人不行，因为搞航天材料和工艺必须组织全国协调,他当时对我国航天材料研制工作起了很大的作用。"

写到这，有一种直觉紧紧地拽住了我，总觉得他是一个共产党人。

1950年，我国在瑞士设立了公使馆（后改为大使馆）。中国留学生会从那里得到党的直接领导。也是这时候，姚桐斌积极向祖国靠拢，参加了使馆组织的各种爱国活动。当时，在欧洲大部分国家与新中国都没有建交的情况下，这是有一定风险的。但这丝毫没有动摇姚桐斌为五星红旗下的中国服务的信念。虽然我们已经没有机会知道他这段时间究竟为自己的祖国做了些什么，但从他最终成为所有"两弹一星"元勋中，唯一一个在国外就加入了中国共产党的科学家来看，可以想象他一定有许多爱国之举而被党和国家所认可。

1951年姚桐斌从伯明翰大学获得博士学位后，想早点回国效力，不料，组织对他另有安排，他无条件服从，随即写了一封家信：

> 大哥、涌弟：
>
> 我写此信时，是在瑞士一个小旅馆里。我是上星期来到这里的。我到这里来的原因信上不便多写，不过我有一个比较重要的决定要告诉你们，但你们得此信后切勿告诉母亲大人，待以后深思熟虑后，再慢慢向她老人家解释。我的决定是，我回国的日

期要延期了。要延期多长时间，一时还不能确定……
我为什么要在英国逗留？我只能大略告诉你们如下：
祖国的解放成功了，但是国际局势的严重性还存在。
国内一切建设在大规模发展，很需要建设人才，这
当然是没有疑问的。但是在国外，也正需要合适的
人去做很多有相同意义的工作。中英外交关系要建
立，国内无法派人来英国，在这种情况下，我经过
再三考虑，决定接受此项使命。……但只要我对祖
国一样有贡献……我的心永远是快乐的。

　　为了国家，我们的别离要再延长一段时期是必
要的。希望你们能理解，尤其对母亲她老人家要慢
慢地说明……就好比我回国后分配到偏僻的边疆工
作，也是不在她老人家身边的……

　　涌弟所需要的书籍和手表，我皆已买到……

看到这，证明我的直觉是对的。

1954年，姚桐斌向中国驻瑞士使馆递交了入党申请书。
在他看来，这是他人生中最神圣最庄严的大事。

1955年周恩来总理到瑞士参加日内瓦会议，使馆党组织
向总理请示了这个问题。周总理指示可以酌情发展在国外工
作的同志入党。

1956年9月，彭华、方晓成为姚桐斌的入党介绍人。从
他向党组织递交申请，到他在党旗下举起右手宣誓，整整用

了两年时间。他也将成为 23 位"两弹一星"元勋中，唯一在国外入党的科学家。

后来，居然还有人怀疑他是假党员。

此后，他再次提出回国的请求。

最终，他的请求被批准了。

不久后，姚桐斌乘坐的飞机，一直朝着东方飞行。这一次，他真的回来了，回到了他日思夜想的祖国——母亲的怀抱中。在祖国，他施展自己的才能，真正实现了他用科学报国的夙愿……

令人遗憾的是，这么一个爱国、有作为又专心科研，并取得累累硕果的青年科学家，却没能躲过那场政治风暴，多么让人扼腕痛心。

八

上面说的那架飞机，是飞向苏联的。

机上的乘客，全都是中国政府工业代表团成员。这个团的团长是掌管中国尖端武器研制的聂荣臻元帅，副团长是大将陈赓和上将宋任穷，成员有国防部第五研究院院长钱学森，二机部部长刘杰和二十多位导弹、原子弹、飞机和电子的专家及教授，以及随团的秘书、翻译和工作人员。

这个代表团的使命，当时属于国家机密。

这个代表团的真正目的，是寻求苏联对中国在导弹、原子弹等尖端武器研制方面的支持和帮助。

新中国刚成立，家底薄。而国际环境严峻又复杂，党和政府决定发展导弹技术，以确保新中国的安全。

1956 年 8 月，中国向苏联政府提出："在建立和发展导弹制造事业方面给中国以全面援助"，但苏联方面态度暧昧，只同意接收 50 名中国留学生。

20 世纪 50 年代，苏联领导人发生了变化，新掌权的赫鲁晓夫迫切需要中国共产党的支持。在这样的政治背景下，苏联同意中国政府的要求。在适当的时候，由中国政府派代表团赴莫斯科谈判。

就是上面那架飞机，载着中国谈判团飞往莫斯科去谈判。

经过一个多月的谈判，就在同年的 10 月 15 日，姚桐斌回国的第八天，中苏双方在莫斯科签订了《关于生产新式武器和军事技术装备以及在中国建立综合性原子工业的协定》。

协议规定，从 1957 年到 1961 年底，苏联将向中国提供几种导弹样品和有关技术资料，并派遣专家帮助中国仿制导弹。

11 月 16 日，国防部第五研究院成立一分院，承担导弹总体设计和弹体、发动机的研制。一分院又从西郊迁往长辛店马列主义二分院办公。

两个多月后，即 1958 年 1 月 26 日，农历腊月初七，姚桐斌手提一只小箱子来到长辛店一分院正式上班。

姚桐斌回国已有两个多月了。

他们这批回国的有几十位留学生，分别从日本、美国、英国、法国、西德等不同国家回来，都被安排在永安饭店暂住。

永安饭店坐落在前门外一个小胡同里，两层楼，坐西朝东。这家饭店属国务院专家局，专门用来接待从国外回来的留学生。

在他们等待国家分配期间，还会安排他们去多地参观访问。

姚桐斌先后参观了 12 个厂矿企业、5 个研究所和 3 个高等院校，每到一处，都给他留下深刻印象，真正了解了祖国崭新的面貌。

每次参观所到之处，姚桐斌都会感慨万千，发自内心地称赞："党领导的技术方针都是非常正确的，而且已经有了辉煌的成就……"

这期间，还观光浏览了北京许多名胜古迹，第一站是天安门广场。彭洁清不认识恩格斯，还问姚桐斌："那个有胡子的人是谁？"

姚桐斌和彭洁清还在颐和园碧波荡漾的昆明湖上泛舟。

长城是姚桐斌最想去的地方。

当他登上长城，眺望这条东方巨龙时，豪情满怀又激动万分地对彭洁清说："我为我们的祖先感到自豪，祖先们几千年前就创造了这样恢宏的建筑。现在该轮到我们这代人为祖国发光了，我们也要让祖国的科技事业走入世界先进行列。"

另外，每个留学生都要写一份自传，从 7 岁开始，一直到回国。这段经历要写得清清楚楚，然后上交存档。

姚桐斌也一样。

有很多留学生，在生活上没有任何抱怨，只是在被称为"资本主义国家回来的留学生"上有些小看法。

也有些人，等待一年半载还没安排上工作，心里难免有些烦躁。

这一点，姚桐斌是幸运的，他回国不到三个月，就有了工作岗位，而且还是一个非常重要的岗位。

一分院有八个研究所，第七研究所就是姚桐斌的工作单位。

单位还在筹建中。

没有地方安家。

在海军医院隔壁的大院里，找了一套师职房。里面有客厅、书房和三间卧室，当然还加上卫生间和厨房。

最让彭洁清高兴的是，卫生间里还有浴缸。

回国后，她最怕的一件事，就是上公共澡堂去洗澡。

"我们的家具是由公家提供的，客厅里有沙发、地毯、茶几、电话。书房里一面墙全是书柜，桐斌对这一排书柜最为欣赏，很快就摆满了他那些宝贝书籍。卫生间里还有个浴缸，令我十分满意。"这是彭洁清在《航天情》里描述的。

彭洁清说："这种住房条件，在当时算是上等的。而且房租低廉，包括水电费在内，不到桐斌工资的百分之八。"

另外，彭洁清还说，"国家职工都有公费医疗，看病不花钱。我们院内还有卫生所，看个小病，打个针什么的，不用走出大院，实在是方便至极。"

那时，彭洁清曾对姚桐斌说："我们把家安在这里真不赖，看起病来多方便！"

姚桐斌笑着回答："这是海军医院，我们老百姓哪能随便去看病。不过，得了急病，他们也不会拒之门外吧！"

人生的祸与福，谁能预料？

有一天，姚桐斌真的进了海军医院。

"但不是看病……"

是他冰凉的尸体被送去解剖。

有人说姚桐斌是死于心脏病。

还有人说是自杀……

这让彭洁清悲痛欲绝。

她在海军医院仰面发誓：

"苍天作证，我一定要为我的丈夫昭雪！"

九

上班的第一天，姚桐斌就将研究室设备及人员的情况，了解得一清二楚，12 个研究人员，大部分都是刚毕业的大学生。

研究室的设备十分简陋，简陋到令人吃惊的地步。

说是研究室，而研究的设备在哪里？没有。

唯一的实验设备就是一台 ROW 立式金相显微镜。

当姚桐斌站在这台显微镜前时，好久没说出话来。

堂堂中国航天研究院的材料研究室，其研究设备竟如此简陋，如此寒酸，简直就是一张白纸。这令姚桐斌深感意外和震惊！

十几个年轻的大学生，虽然热情高涨，但他们在这样的环境下，能做什么？

这让姚桐斌顿感压力，肩上的担子立刻沉重起来。

来之前，姚桐斌设想过种种困难，但现实情况比想象的还要困难。

但对于早已下决心以身许国的姚桐斌来说，再艰难的担子，他也要挑起来。

他要和眼前这群年轻的大学生一起，共同挑起这副担子，白手起家，从零做起，为中国的航天工业材料研发打下基础。

这十几位年轻的大学生，可能还想不到那么多。他们倒是对姚桐斌这位从海外归来、头脑睿智又激情四射的洋博士，充满了好奇和信任。

工作之余，他们仍像个求知欲很强的学生一样，围着姚桐斌问这问那。

姚桐斌有问必答。他除了在专业知识领域循循善诱，耐心讲解，以提升他们的专业能力之外，闲暇之余，他还会把在国外的所见所闻及一些轶闻趣事讲给大家听。很快，他就成了全室上下心服口服的核心人物。

在这些年轻人的眼里，这位洋博士，不仅儒雅，还很绅士，不论遇见谁，他都会主动问候"你好"；拿出香烟时，先问一下周围的人，"可以吗"；上汽车时，会让女同志优先，甚至主动替她们打开车门；出入门也这样，他会停在一边，示意女同志先走……

从这些小小的细节中，便可判断出一个人的修养和人格魅力。大家都看好姚桐斌，一致认为他是个难得的好同事，也都亲切地称他为"姚工"。

人就是这样，相处时间一长，彼此间也就熟悉、了解了，说话也就随便起来。

有一天，有人问姚桐斌，为什么国外的研究所放着不去？好好的大学教授也不当？反而看上这么个小单位，条件还这么艰苦。

这也正是笔者想问的问题。他的确有那么多的选择，却偏偏选中了这么一个小单位。

姚桐斌几乎想也没想，便脱口说出了缘由。他不止一次遇到过类似的提问，也不止一次回答过这类问题。每次，他的回答都是相同的。他说："我回国不是为了地位和金钱，而是为了把学习到的知识贡献给国家建设。我愿意在基层做些具体事情，愿意同大家一起，为我国的火箭和导弹上天出一份力。"

这些话现在听起来，好像是空泛的豪言壮语。但对于姚桐斌这一代人，这确是植根于内心深处的执念，如同脱生母体的儿女与生俱来对母亲的眷恋。

1958 年的年初，姚桐斌还有一件不能不提的大喜事，那就是和彭洁清喜结连理。

从此，他们就成了一对至死不渝的恩爱夫妻。

说不清他们是一见钟情，还是谁先喜欢上了谁。人们看到的是，从他俩共同出现在大家面前时，就是你侬我侬的一对。

她说，那是在留学生聚会欢庆中国春节的晚会上……但她在《航天情》——这部记录他们夫妻和家庭生活的回忆录里，并没有明确记载他们是在哪个国家，哪座城市，也没记录是哪年的哪个春节互生情愫的。

看到这里，由于没有更多的细节披露，我感到有些老虎吃天，无从下口。我无法复原只属于他们两个人的生活故事和场景，他们之后长达十年的相亲相爱、相伴相随，一定有许多令人艳羡的情节，这些都没能被文字记录下来。

他们的孩子到父亲离世前，三姐妹都还小，最大的姐姐刚9岁，最小的妹妹才3岁。对于她们的父亲，除了亲切、关爱，几乎没有给她们留下别的印象。父母的许多秘密以及他们感人的爱情故事，都未能进入她们的记忆中，这也成了她们三姐妹的一大憾事。

这意味着，姚桐斌和彭洁清的许多秘密和相关的事迹，被他们自己带去了另一个世界，我们永远不得而知了，但却留给了我们无限的想象空间。

关于他俩的相识，彭洁清在她的回忆录中有一段描写，但都不如她女儿小罗汉发给我的这段文字详细生动。所以，我把它抄录在这里，让读者对这一段短暂的"经典之恋"，有更深的了解。

父母相遇　一见钟情

　　妈妈1957年从美国回来后，被安排居住的第一家旅店是在北京市内的永安旅馆，一栋很普通的灰色两层楼，在北京市内（妈妈没有提到具体街名，但这家旅馆位于某条胡同）。

那年中秋节，海外侨胞们决定在永安旅馆的餐厅里举办舞会。他们把饭桌推到餐厅的一边，然后把椅子靠墙放一圈。

餐厅里挂满了各种颜色的宣纸：红、绿、黄、蓝。一个大餐桌上摆满了月饼、糖果、葵花籽、花生和茶壶。还准备好的有一架播放器和一打唱片。

妈妈在朋友督促下也决定参加舞会。

她那天穿上一件白色衬衣，藏青色长裙，再配上藏青色高跟鞋。

走进餐厅后，妈妈坐在面对餐厅大门的位置。这时，播放器开始播放西方舞曲。几对舞伴入场立即随乐起舞。

就在这时，妈妈看到一位个子高高的男生走进餐厅。他消瘦、清秀、戴一副玳瑁眼镜。他一头浓黑的头发。上身藏青色西式外套，下配灰色料子裤。他身体笔直、举动文雅，和在场的其他男生截然不同。妈妈一眼就注意到他。

过了一会儿，他朝妈妈坐的方向走来。

妈妈心里一跳，先交叉两只指头，之后交叉两脚腕，暗暗希望他是朝自己走来的。

他走到妈妈面前，微笑着说："我是姚桐斌。我刚刚从德国亚琛回来。"

妈妈回答："我叫彭洁清。我最近从美国芝加哥回来。很高兴结识你。"

爸爸说："能请你跳舞吗？"

一向大方泼辣很少害羞的妈妈，这时却两脸通红，立即同意。

正好在这个时刻，播放器开始播放《蓝色多瑙河》。

妈妈心中暗喜，她华尔兹舞跳得很好。在芝加哥的时候，她专门到市内的亚瑟－默里舞蹈学校学习舞蹈，舞校的老师曾夸赞她华尔兹舞跳得很好。

他们开始一圈接着一圈随乐（舞动），很快就一边跳舞一边交谈。

妈妈瞬间滔滔不绝。讲述她的童年、她考试合格并取得奖学金后在伊利诺伊州的圣弗朗西斯大学读书四年、她在纽约大学读研究生……谈啊谈啊，妈妈注意到爸爸是个非常好的听众，偶尔插一两句，其余时间都在听妈妈谈述。

整个晚上，他们偶尔休息，除此一边跳舞一边谈话。谈不完的话，跳不完的舞。

数个小时后，人们陆陆续续离场，音乐也终止了。

妈妈走过去要求再最后放一曲《蓝色多瑙河》。

她回头看他，他轻微点头微笑同意。他们相识仅仅几个小时，但他们已经共同拥有他们两人的音乐。几年后，他们再随这首曲子起舞，跳给姚桐斌老年的母亲看。

在他走后她的后半生，这首音乐在她的心里从未断过。她再不会忘记这首乐曲，他潇洒自如的舞步、他牵着她的手旋转、他倾听她的讲述。

爸爸告诉妈妈，他是那天早上才搬进永安旅馆。他说："今天是我的生日。"

妈妈惊叫："你怎么没早说！祝你生日快乐！如果我早知道，我就会给你开个生日庆祝活动，怎么也得吃碗长寿面呀！"

爸爸说，他预感那天晚上会有不寻常的事情发生，而且会是好事。

不寻常的吉事确实发生了，我的父母一见钟情。

那晚，妈妈也预感到，他们的爱情会一直持续到生命的终点。

就这样，他们相爱了。

一切来得如此突然。让彭洁清一次次在心里感慨和姚桐斌结合的奇妙，竟然能萍水相逢又一见钟情。"我俩互吐衷肠，很快就结为连理。"

看完这一段，也让我感觉他们之间的爱情有点不可思议，好像相见恨晚，又好像月老就是这么安排的。总之，他们的爱情发展得如此快，如果用今天年轻人的说法，就是"闪恋"又"闪婚"。

几乎不需要磨合，他们就情投意合，都希望能恩爱百年。

姚桐斌爱彭洁清什么，我们不得而知。但彭洁清爱姚桐斌什么，却在她的书里表达得淋漓尽致。

姚桐斌多才多艺，虽是理工科出身，却能写出一手漂亮文章，还能做诗填词。就是出差，给彭洁清写信时，还会附上一首即兴的诗作，表达他对她的爱意和思念之情。

姚桐斌爱好摄影。他在英国求学时，每到一处，都要拍些照片，制成幻灯片。英格兰的田园风光、特色小镇、各种人物等等，都是他的拍摄对象。很遗憾，他的这些摄影作品，在"文化大革命"中担心被当成资产阶级生活方式的物证而被全部烧掉了。

姚桐斌还是个十分有情趣的人。有一次，出差外地，寄回来一封信。她拆开后，一张素描画出现在眼前，上面画着一只母鸡带着三只小鸡，正向着一只昂首阔步的大红冠公鸡挥翅告别。这一下，家里热闹了，三个孩子都抢着要看爸爸的画，还一一认别，"这是我！""这是妈妈！""看爸爸还戴着眼镜！"

一幅素描画，就能给家里带来一片欢声笑语。

姚桐斌还特别热爱音乐。

尤其喜爱古典音乐。而彭洁清却喜欢轻快的乐曲，但在姚桐斌的影响下，渐渐也喜欢上贝多芬、巴赫和莫扎特。贝多芬的第五交响曲成了他们的至爱。彭洁清常常会靠在姚桐斌的肩膀上，陶醉在深沉的旋律中，也陶醉在他们浓浓的情爱中。

如此优秀的男人，怎么能不让彭洁清心动（可惜，这些深情隽永的文字，在"文革"时为了不招惹麻烦，被一把火烧掉了）。为此，彭洁清追悔莫及。

姚桐斌和善的形象，不光深深吸引彭洁清，也深深影响了他身边的人。

有一位八十多岁的老先生对姚桐斌有很深的印象。这位老先生当年大学毕业后到材料及工艺研究所上班，他的上司就是姚桐斌。

"说起姚所长，我是很怀念他的。他这么大一个科学家，一点架子都没有，人非常和蔼可亲。有一次，我去清华大学办事，出来时，正好遇见姚所长。他问我怎么也在那里？办完事了吗？我说，办完了，准备回呢。他挥挥手，让我上车，和他一起回。"

"那时候，坐小车是高级待遇，我一个小技术人员，哪敢上车。姚所长很善解人意，知道我不好意思坐他的车，便说，没事的，顺路。"

他表示，那是他人生第一次坐小汽车，还是姚所长的专车。

还有一次，他送一份文件到姚所长家。到了楼梯口，就听到优美的音乐。进了他家，看见从国外带回来的高档音响设备，羡慕得他不知如何是好，看了又看，眼睛都挪不动了。

姚所长看他这样，就问他喜欢音乐吗？

说实话，他太喜欢了！

姚所长便拿出一张音乐票，让他去听。

他惊呆了，不敢想这种好事，当然也不敢接音乐票。

姚所长轻松地表示，让他放心去欣赏一次音乐会。

他真是受宠若惊，不，是欣喜若狂！这辈子也没想过，还能去听一场音乐会。

这就是人们眼中的姚桐斌，他日常生活中的一些小事，就能让人记他一辈子。

十

1958 年，一个特殊的年代。

这一年，进行了"大跃进"。

1958 年 5 月，召开了中国共产党第八届全国代表大会第二次会议，制订了"鼓足干劲，力争上游，多快好省地建设社会主义"的总路线。

实践证明，这场运动，违背了客观规律，造成国民经济严重失调和严重损失。但也取得了一定的成果，比如：中国的第一台内燃机车，第一辆东风牌轿车，第一台半导体收音机，第一套电视发送设备，第一座原子反应堆和第一艘远洋货轮等都在这一年相继问世。

也是这一年，中国的导弹事业，从准备阶段进入了仿制阶段。

1月初，一分院制定了研制工作要点，要求学习并掌握仿制苏制 P–2 导弹，做好仿制的一切准备工作，筹建研究室、试验室、试验站和总装厂等。

五个月后，聂荣臻元帅和黄克诚总参谋长一起向第五研究院正式下达了 P–2 导弹的仿制任务。

国防部第五研究院将 P–2 导弹仿制型号命名为"1059"。

这个数字，意味着一个目标，那就是争取在 1959 年 10 月 1 日完成仿制，进行首次飞行试验。

从制定要点，到筹建各个相应的试验室，再到下达仿制任务，最后到飞行试验，只有短短的十个月时间。

而 P–2 导弹全长 17.7 米，最大直径 1.65 米，起飞重量 205 吨，射程 590 公里。

这种仿制的地地近程导弹的原型是苏联在 1950 年研制成功的。苏联借助二战被俘的德国技术人员，在德国 V–2 导弹的基础上加以改进的。

1958 年 6 月，苏联提供的第一批 P–2 导弹的图纸资料运抵我国。

国防部第五研究院立即组织技术人员投入紧张的翻译和复制工作。

根据分工，一分院独立七室，即姚桐斌所在室，承担所有关于导弹材料的技术资料的翻译工作。由于这部分内容都是文字，工作量相当大。而当时 12 名研究人员中精通俄文的不多，又给翻译工作增加了一定的难度。

全室的人都夜以继日投入翻译工作中。除了白天，晚上加班到十一二点，天天如此。特别是夏天，酷暑难当。在这样艰苦的条件下，没有一人发出一句怨言。

姚桐斌和另一位室领导负责技术和字句方面对译文进行校对和更改。

姚桐斌还患了严重的感冒，咳嗽得厉害。他把甘草片含在嘴里止咳，坚持加班审稿。

有一天，夜里十一点多，大家正在埋头工作，突然，门外有人说："钱院长慰问大家来了！"

分院管理处长带着几个人，手捧切好的西瓜，走进办公室。

后面，钱学森笑着也进来了，说："今天早点休息，明天再接着干吧。"

钱学森的到来，让大家倦意顿消。吃完西瓜，又继续奋战了两个小时，直到午夜才回宿舍休息。

经过一个月的突击，第一批 P-2 导弹的图纸翻译任务完成，并下发到承制工厂。

翻译 1059 导弹图纸任务之后，同年的 8 月 3 日，独立 7 室随一分院从长辛店搬往南苑，因家当简单，几张办公桌，加上一台显微镜，一辆卡车就装完了。再也没有比这次搬家简便的了。

南苑，曾是皇家的猎苑。清朝末年，这里才出现中国第一个飞机场和第一所航空学校。

七室到了南苑后，住在早年袁世凯用来练兵的几排营房里，面积只有 800 来平方米，冬天没有暖气，夏天没有电风扇，睡的是通铺。就在这样艰苦的环境里，姚桐斌和七室研究人员开始了艰苦创业，在中国航天材料工艺发展的道路上迈出了第一步。

稍微懂点航天的人都知道，导弹和火箭虽说是尖端技术产品，但它和其他军民用产品一样，都由各种材料加工而成。所不同的是，因导弹和火箭的结构中，发动机要在飞行瞬时的高温、高压和高速燃气冲刷状态下工作，它对原材料的技术要求更高、更严格，必须要专门研究耐高温合金。

航天这个领域，是集合了现代科学技术最新成就的一门综合性很强的系统工程。火箭设计确定后，材料、工艺和电子设备这几方面就会突显它们的重要性。如果材料和工艺不过关，再好的导弹和火箭都只能躺在图纸上"睡大觉"。由此可见，材料是航天技术发展的基础。没有这个材料基础做坚强的后盾，什么导弹和火箭都无法生产。

航天器在飞行中出事故，大都是因为零部件问题引起的。

我记得20世纪90年代初，西昌卫星发射中心，有一次发射卫星时，刚刚点火，火焰从导火槽都喷射出来了，火箭在发射塔架上摇晃着要起飞了，可突然来了个紧急刹车，还好刹住了，不然后果不堪设想。这次发射失利了。后来，查明事故原因，是多余物造成的。就是因为有个零部件不过关。

归根到底，还是材料的问题。

可见，材料和工艺在航天领域多么重要。

研究所的任务就是研制火箭材料和工艺。

上世纪50年代，我国的材料工业相当落后，连一些低合金钢都生产不出来，更谈不上航天材料了。

而航天材料的研发都是从零开始的。

苏联的P-2导弹所用的材料简单，但在我国，许多材料都还未生产过。有的虽然能生产，但质量可能不过关，满足不了技术要求。

一时间，材料短缺，成了"1059"的拦路虎。

姚桐斌心里非常着急。他在国外主要从事液态金属凝固过程的研究，没有做过火箭材料工艺方面的工作。但他靠渊博的知识和扎实的基础以及孜孜不倦的学习态度，认真做笔记，记各种卡片，收集文献资料，把自己先变成一个火箭材料专家，并带领研究室的科研人员，找到国内所有的材料研究单位和生产企业，逐项落实材料试制和生产。

导弹需要的一些低合金钢，现在看来是极为平常的钢种，那时在我国却生产不出来，姚桐斌带领技术人员，来回穿梭在鞍山、抚顺、大连等钢厂，同他们一起解决了低合金钢板试制等难题，为我国的合金钢企业开创了新路，填补了国内的空白。

这时，石墨舵渗硅这一关键问题还是没办法解决。研究人员找了很多地方，寻找拥有加工石墨舵高温炉的企业。

他们一边寻找，一边还得随身携带石墨舵，一块石墨舵好几十斤重，一路上还没有运输工具，只能靠人背。

有一次，姚桐斌带着三个技术人员，从沈阳出发，经抚顺，再到鞍山。但这三个人中，有两个是女同志。总不能让女同志背这么沉的东西吧，姚桐斌二话不说，一弯腰就把石墨舵背了起来，搞得两位女同志很不好意思。

一次，姚桐斌和几位工程师去西北地区出差。在火车上，大家热烈讨论，竟然坐过了站。为了不耽误工作日程，他们在茫茫的黑夜里，手持木棍，在荒野的小路上步行几十公里，走回了目的地。

多少年后，有位工程师回忆起来，还心有余悸。他说："在途中，要过一座独木桥，黑灯瞎火的，根本无法行走，大家只好手脚并用爬到对岸。"

那位工程师十分感慨地表示："那时候，我们年轻，都是大学刚刚毕业，可是姚所长是国外留学回来的专家，竟然和我们一样吃苦，大家心里更加敬佩他了。"

还有一次，他们没赶上客车。又要赶时间，他们只好向军代表求助。军代表给他们联系了一列闷罐车，车厢里面脏得没法坐。一位同事把军大衣往车厢的地上一铺，让姚桐斌坐下。他坐在那里的样子，像个普普通通的老师，一点也看不出是一位海外归来的博士。

好在他们的付出，终于有了回报，在抚顺某工厂找到了希望。

正在姚桐斌为"1059"型号导弹的材料奔波忙碌时，得到一个喜人的消息 —— 他当爸爸啦！

就是这时候，彭洁清还不知道姚桐斌是干什么的。

那时候，有严格的保密规定：上不告父母，下不传妻儿。

姚桐斌当然要遵守保密规定。

彭洁清不是没问过他，类似"你在干什么"等问题。可姚桐斌从来不回答，连办公室的电话，也不告诉她，对她守口如瓶。

直到"文化大革命"时，红卫兵贴大字报，彭洁清恍然大悟，才知道自己的丈夫是搞火箭、导弹和卫星的。

正当姚桐斌在为导弹材料忙得不可开交时，彭洁清有身孕了，肚子也渐渐挺了出来。他总是非常歉意地对她说："亲爱的，抱歉，没能空出手来帮帮你。"

彭洁清总是理解地说："没事，放心吧，我自己行的。"

他加夜班，回家都很晚。

但彭洁清不管多晚都靠在床上，一边看书，一边等他回家。

当她听见他的脚步声在楼梯上响起的时候，她会赶忙下床，为他打洗脚水什么的。

他总会歉疚地阻止她说："不用不用，让我自己来，你好好休息，好吗！"

姚桐斌知道彭洁清临产期已近，但他还是无法回家照顾她，他要么在外出差，要么在办公室加班。

这一天，深夜了，他还是没回家。

可彭洁清快生产了，一阵阵剧痛向她袭来。

怎么办？

夜这么深，她去哪里找桐斌？

她感觉是等不到他回家，孩子就要降生了。

她只好忍着阵痛，去敲邻居的门，向他们求援。

邻居见彭洁清痛苦万分的样子，很为她着急，提出先陪她去医院，再想办法通知姚桐斌。

这深更半夜的，怎么好意思打扰邻居他们？

彭洁清婉拒了他们的好意，只请他们帮忙叫辆急救车。

就这样，彭洁清半夜只身来到协和医院急诊室。

值班医生见她一个人来生孩子，家人也不陪，这是什么情况？虽然嘴里没说什么，可满脸都是疑问。

彭洁清心里最清楚，心想："桐斌是爱我的，他不是不近人情，而是工作太忙了，根本无暇顾及我。"

第二天，当彭洁清从分娩的困顿中醒过来时，一眼看到了手捧一束鲜花的姚桐斌就站在她的床前。

彭洁清好高兴。但她心里清楚，真是难为他了。那时候，全北京只有崇文门内有一家花店，且都是老外光顾。

姚桐斌满脸倦意地憨笑着，但还是难掩当父亲的喜悦。

"桐斌，你看见女儿了吗？她长得跟你一模一样。"

"是吗？太好了。听说女儿像父亲，长大后有福气。"

彭洁清哗啦啦一口气说了好几件事，什么快给女儿取名字，上户口，办理粮油手续。"上了户口，有了粮油手续，才能订牛奶呢。据说，六个月以下婴儿，可以订到新鲜牛奶。对，还要办副食证，凭这个证，每月还能买两袋糕干粉。"

见彭洁清还要往下说，姚桐斌赶紧做了一个篮球裁判"暂停"的手势，说，"夫人命令真多，说话又快，我一下子怎么执行？等回家后一件一件慢慢地办。"

为了第一个女儿来到这个世界上，为了自己第一次做父亲，姚桐斌特意买了一瓶红酒，约上胞弟来家里一起庆祝。

这之后，姚桐斌的注意力又从短暂的喜悦中抽离了出来，再次转移到了导弹材料的研制上。

不知不觉中，1958 年仅剩下三天，这一年很快就过去了。姚桐斌脑海里翻腾的全是未来几年，甚至更长远如何发展材料研究工作，研究室又该往哪个方向去等问题。

十一

1959 年，是 1059 型仿制导弹最关键的一年。

按照原定计划，这年 10 月，要完成导弹仿制，并进行首次飞行试验。

没想到，被材料这只"拦路虎"阻碍了前行。

新年伊始，研究室的技术人员到鞍山钢铁公司参加新金属材料的试制。但此工作迟迟不能实施。一方面是受"大跃进"全民大炼钢铁运动的影响，鞍钢的钢铁计划产量比往年翻了一番，而首都的十大工程建设又急需大量的钢材。鞍钢的生产任务也压力巨大，根本顾不上一分院提出的新金属的试制；再就是技术和设备落后的问题，两方面的原因加在一起，使得新材料试制一拖再拖。

这可把研究室的工作人员急坏了，但又束手无策，毫无办法去推进。

正当他们一筹莫展时，突然看到了一束曙光，姚桐斌到鞍钢了！

他不仅自己来了，还带着苏联专家专门来检查新材料的试制工作。

工作人员立即向姚桐斌汇报了鞍钢的实际情况。

听完汇报后的姚桐斌，又立刻向上级相关部门反映材料试制遇到的种种问题，从而引起了上级的重视。

就是这个"重视"，对新型钢材试制工作起到了巨大的推动作用。

正当新型钢材试制有了新进展时，进口材料又出了问题。

这是个重大的问题。中方接到苏联的通知，由于国内未布置生产，从6月开始不再向中国提供仿制导弹需要的原材料和关键元器件。

苏联迈出了不履行合约的第一步。

我国计划1959年7月开始的1059仿制导弹的零部件生产工作只好停工待料。

聂荣臻在国防部五院的报告上作出批示："外料未到，应以国料试制。不要专赖外援。在试验过程中，可能遇到失败，决不可怕。只有在不断试验中才能取得经验，材料也可能在试验过程中找到出路。"

聂荣臻的这段批示，是给材料研制指出了另外一条路径，事实证明这是在无奈情境下作出的一条非常及时又正确的决策。

国防部五院迅速做出决定，采取有分析、有试验的策略，以技术条件相同的材料代用，并积极试制。

代用材料并非好找。

但要求设计和生产部门努力去寻找，以解燃眉之急。

同时建议中央各部委安排有关工厂积极试制。

功夫不负有心人。经过反复摸索，技术人员找到了代用材料。

找到的还不止一种，而是多种代用材料。

终于可以保证产品的设计要求，还确保了 1059 型仿制导弹的生产进度。

据统计，在 1059 型导弹的仿制过程中，仅弹体结构的材料代换率达 40%；在近 400 种辅助材料中，有 80% 以上都是用代料解决的。

实践出真知，这是一条颠扑不破的真理。

国内材料试制有了大踏步前进后，代料的研究又取得很大成绩，大部分工艺装备正在鉴定和配套，这意味着 1059 仿制导弹由准备阶段转入零件生产阶段。

这是一个了不起的跨越。

随着姚桐斌不可替代的才能显现，他肩上的担子也越来越重。1959 年 5 月，他被任命为独立七室的主任。

尽管如此，1059 仿制导弹还是存在缺料问题。

怎么办？

一分院出面解决，同冶金部鞍山钢铁公司和抚顺钢铁厂等单位签订了试制 155 项金属材料的协定。又与石油部、化工部、建工部、轻工部所属的二十多家单位签订了 87 项试制非金属材料的协议。

当所有的短缺材料都有了着落后，姚桐斌开始认真思考一个重大的问题，那就是材料研究的发展方向。

这一年多，姚桐斌和他的同事们没少奔波，解决了导弹仿制急需的材料，更是积累了丰富的经验。

早在 1953 年 3 月，苏联专家代表团秘密来到南苑，详细考察了周边地形地貌和水文地质条件后，国防部部长彭德怀批准了一分院和苏联代表团商定的《一分院设计任务书》，明确一分院及其试制工厂建设地点。

苏联援助中国的工程中涵盖了导弹研究的各个方面，材料研究也在其中。他们提供的材料研究体系是"抓两头"，即一头抓型号设计部门，另一头抓材料研究和生产部门。

按照这种模式，材料研究室只负责向材料生产厂家订购设计部门提出的各种材料，在交付时进行验收，保证它符合技术要求即可。

苏联生产的导弹都是这样一种套路。

姚桐斌认为，这种体制在苏联行得通，并不符合中国导弹研制的实际情况。我们和苏联的不同在于，苏联工业基础雄厚，材料研究力量强大，研究机构的规模也相当大，生产航天器根本不在话下。而中国却不是这样的，当时中国的工业基础还相当落后，研究力量也很薄弱。

举一个简单的例子。

在仿制 1059 导弹时，按照"抓两头"的体制要求，材料研究室把发动机使用的橡胶零部件安排到工厂试制，试制到最后的结果是，有 8 种橡胶件怎么也达不到技术要求。其原因是工厂不了解零部件的具体情况，而研究室自己又没有设备，使不上劲，只能干着急。

后来，还拿到一家橡胶设计研究院去研究，也没研究出结果，还拖了生产 1059 仿制导弹的后腿。

姚桐斌说："我们必须探索一条完全适合中国国情的航天材料之路。"

航天材料之路又是一条什么样的路呢？

对此，姚桐斌阐述得非常清楚，一反苏联的模式，提出了一条适合我国国情的创新之路。

姚桐斌认为，作为导弹火箭的材料研究机构，材料研究室不仅仅是一个订货单位，更不能成为一个器材科，不能仅仅把设计部门需要的材料下达到生产部门就算了事，重要的是要进行材料的应用研究。研究完了之后，事情并没结束，还要在两者之间发挥桥梁作用。只有这样，才能了解设计部门所需的材料特点，及时布置生产；当材料生产出来后，又要对其性能和特点进行测试和研究，看看是否符合设计要求，掌握这些后，才能把材料用到导弹和火箭的零部件上去。

姚桐斌还很形象地说："这个'桥梁'，或者说中间环节，既不是设计部门的责任，也不是一般材料研究工作和生产单位的事情，它只能由左手拉紧设计部门，右手拉紧材料研究和生产厂家的航天材料研究单位来承当。"

用一句话概括，就是"抓两头，带中间"。

这就是姚桐斌创造性地提出的中国航天材料的研究方针。

为此，姚桐斌先后向聂荣臻元帅和导弹研究院的钱学森等领导汇报了他的新思路，并将"带中间"这一想法付诸实施。

后来几年，研究所不但较好完成了航天材料仿制，又完成了材料发展的长远规划的制订；既抓好了两头，又带出了"中间"，让新材料、新工艺的研究之花，结出了果子，取得了钎焊合金、钛合金、化学铣切、蜂窝夹层结构、失效分析、发汗冷却材料、高温喷涂工艺以及一大批非金属材料等的成果。

一个星期后，彭洁清从医院回到家中。

南方的保姆探亲，尚未按时返回。

彭洁清只好自己带孩子。

那孩子不知为什么，白天睡觉，到了夜里就爱哭。

姚桐斌为了让彭洁清好好休息，又怕哭声吵醒邻居，他就主动起来抱孩子，给孩子哼唱催眠曲："小宝宝，不要吵，小宝宝，不要闹，快快睡个觉……"

"桐斌，你在唱什么呀？"

"嘘，不要说话，她已经睡着了。"

彭洁清心疼地看着满脸疲惫的丈夫，还是露出了幸福的笑容。

十二

忙碌之中，进入了 20 世纪 60 年代。

1960 年，是我国发展导弹和火箭事业的关键之年。

一分院制定了本年度的工作规划，提出"三大任务"——大发展、大建设、大提高。为完成导弹仿制生产、研究设计和基本建设定下了奋斗的目标。

在这年 2 月，姚桐斌主持制订了一个更大的目标，即独立七室 1963 年至 1967 年科学研究发展规划，共有 63 项需要预先完成的材料和工艺研究课题。

姚桐斌对完成这些课题充满了信心。

两年多的实践证明，独立七室的干部职工个个是好样的！仅两年多的时间，从无到有，从小到大，从初期的二十多人发展到三百多人，建成了二十个试验室、自行研制成功九项非金属材料，开展了二十七项课题，二十八项性能检测，购进大批设备仪器，并与十五个行业的七十八个科研生产单位建立了协作关系……

从这些数字里，便可看出这两年多独立七室干了多少活，有多少工作量。

看到这样的成就，大家非常高兴。

接着，姚桐斌又提议，举办一次春节献礼展览会，展示独立七室组建两年来取得的各项成绩，也算是总结，目的是通过展出，更加提高干部职工们的工作热情。

展出的效果，果然很好，像姚桐斌预见的那样，更大地鼓舞了大家的干劲。

前面说过，这一年是1059导弹仿制的关键一年。

的确，经过导弹技术人员和工人们的艰苦奋斗，1059导弹仿制工作终于有了突破性的进展。

2月5日，仿制导弹的第一个大部段——推进剂燃料贮箱仿制成功；

紧接着，其余的 7 个大部段也相继完成；

与此同时，发射 1059 仿制导弹用的国产推进剂理化性能也完成分析；

测定工作、弹上仪器和场面设备等关键技术的攻关工作也取得了重大进展。

仿制成功在即，国防部第五研究院领导于 1960 年 6 月 28 日向中央军委报告，争取国庆节前完成第一批 1059 导弹的仿制任务，并进行飞行试验。毛泽东、朱德、邓小平、贺龙、陈毅等都圈阅了相关报告。叶剑英、聂荣臻和刘伯承还作了重要指示。

这年夏天，组织上安排姚桐斌去北戴河休假，还可以带家属。

北戴河气候宜人，沙滩洁白，碧波粼粼。这个时节去休养是最惬意的，身心都能得到最好的放松。

姚桐斌把夫人和孩子都带去了，但带得最多的还是满满的一箱书。

他们一家被安排在大围墙里面的一栋小楼里。里面有几个小山坡，小楼倚山而建。小楼的四周种了不少花草树木。这里蓝天白云，景色优美，小楼前的小路，铺着小石子，一直延伸到海边。

姚桐斌夫妇轮换着带孩子们下海游泳、晒日光浴、堆沙、拍照，尽情享受着大自然的爱抚。

尤其是孩子们，最喜欢爸爸给她们拍各种各样的照片。这时，彭洁清也像个孩子一样，摆各种姿势，让丈夫给她们留下美好的瞬间。

"爸爸，你过来。"

"桐斌，这样好不好？再拍一张。"

……

总之，一片欢声笑语，一家人幸福极了。

姚桐斌爱好摄影，拍了不少孩子们的照片，还有他们自己穿泳装的照片。在"文化大革命"时，彭洁清担心红卫兵抄家，拿去当"黄色"照片展览，便将它们付之一炬，一张都没留下。

美好的时刻，非常短暂。姚桐斌更多的时间用来看书学习，搞得彭洁清很有意见，她嗔怪他休假时间用来工作。

他不得不跟她解释，"平时工作忙，白天哪有时间看书？看书都得晚上挤时间。另外，还得帮室里一位工程师修改他的翻译书稿。"

这次疗养，来了很多中外专家，除了姚桐斌，还有华罗庚、吴有训等。

有一天，姚桐斌在海滩上恭恭敬敬地向一位年长学者打招呼："茅老，您好！"

原来他是著名桥梁专家茅以升先生。他还是姚桐斌读交大时的校长。时隔十多年，师生二人久别重逢，格外高兴，谈起交大的往事，滔滔不绝。

彭洁清很希望他们能多聊一会儿，这样桐斌就能多休息一会儿。

此时，钱学森恰巧也在北戴河疗养。

有一天下午，姚桐斌一家和钱学森一家相遇。

他们在潮湿的沙滩上散步，远处波涛万顷，近处白浪翻卷，走着走着，钱学森突然停住脚步，情绪高昂，面朝大海，朗诵起了毛泽东著名诗篇《浪淘沙·北戴河》：

> 大雨落幽燕，
>
> 白浪滔天，
>
> 秦皇岛外打鱼船。
>
> 一片汪洋都不见，
>
> 知向谁边？
>
> 往事越千年，
>
> 魏武挥鞭，
>
> 东临碣石有遗篇。
>
> 萧瑟秋风今又是，
>
> 换了人间。

但他们不知道的是，此刻毛泽东就在北戴河。

7月5日至8月10日，中央在北戴河召开中央工作会议。他们更不知道的是，正像毛泽东的诗描写的那样："大雨落幽燕，白浪滔天"，一场狂风骤雨就要降临，全国人民也将面临严峻形势的考验！

中苏关系恶化了！

苏联政府单方面撕毁了中苏《国防新技术协定》。

7月16日，即中央工作会议进行到第十一天的时候，苏联照会中国政府，宣布终止600个援华合同，撤走在华工作的1390名苏联专家。

没等中国政府回应，苏联又发来第二个通知：苏联专家将在7月28日至9月1日全部撤离。

这似乎又在中国政府的意料之中。

早在1959年6月20日，苏共中央致函中国政府，称苏联与美英等国在日内瓦进行关于禁止核武器试验的谈判，由于担心西方获悉苏联在新技术方面援助中国，提出要中断若干项对华援建项目。

不过，消息传到北戴河时，中央领导还是震惊了。

毛主席在中央工作会议中指出："要下决心搞尖端技术。赫鲁晓夫不给我们尖端技术极好，如果给了，这个账是很难还的。"

苏联专家撤走时，把所有的资料都装箱带走，带得好干净，没留下一片有用的资料。不仅这样，还停止向我国供应经济建设急需的重要设备和关键部件，这将迫使我国 250 多个企业和事业单位处于停工停产的状态，经济建设受到了重创。

8 月 12 日，苏联的三名专家从国防部第五研究院撤离回国。而 1059 的仿制工作正进入决战阶段，导弹即将开始总装。

苏联专家全部撤走的第二天，国防部第五研究院副院长王秉璋和王诤前去向聂荣臻元帅汇报情况。

聂荣臻元帅说："中国人民是聪明的，并不比别的民族笨，要依靠我国自己的专家和工人搞出自己的导弹。"

此后，聂荣臻元帅又在高级知识分子和科研人员参加的会议上敲着桌子说："逼上梁山，自己干吧！靠别人靠不住，也靠不起，党中央寄希望于中国自己的专家！"

国防科委也召开党委扩大会议，着重讨论国防工业如何贯彻自力更生的方针，时任国防工委主任的贺龙元帅在大会上表示，要卧薪尝胆、发愤图强，打掉一切依赖的思想，下定决心依靠自己的力量，突破国防尖端技术的难关。

紧接着，国防部第五研究院和一分院召开党委扩大会议，把中央领导的讲话和中央北戴河工作会议精神及时传达下去，号召全体人员奋发图强，埋头苦干，为国争光，一定搞出"争气弹"。

这两年多来，为仿制 1059 导弹，苏联向国防部第五研究院一分院所属研究室都派驻了援助专家，唯独材料研究室没有派驻。

这又是何原因？

为什么不给材料研究室派苏联专家？

真正的原因是，姚桐斌就是专家，而且是起着重要作用的专家！

眼下，苏联援助专家都撤走了，党中央寄希望于中国自己的专家。这让姚桐斌感到自己肩上的担子更重了，责任也更大了。

姚桐斌别无选择，只有带领研究室的干部和技术人员，加快步伐，搞出仿制导弹所需的材料。

苏联单方面撕毁协议的消息，并没有吓倒中国人，反而激发了全体工程技术人员的爱国热情，他们更加忘我地工作。他们发挥每个人的潜能，战胜了一个又一个因技术援助消失带来的种种障碍，在很短的时间里圆满完成了第一枚1059导弹的总装工作。

事实证明中国人是不怕打压的。

而姚桐斌在材料研制方面所作的贡献是不可估量的。

一个国家的栋梁，宝贵的材料和工艺人才，正当盛年的时候被害了，怎么让人不痛心？

据说，当时周恩来总理听到姚桐斌被害的消息时，手里的水杯"嘭"地掉到地上，砸碎了……

十三

苏联专家撤走的时候，给材料研究室留下一个巨大的谜团。

而且，这个谜团在中国研制导弹的道路上变成了一块绊脚石。

事情还要从 1958 年说起。

苏联援助中国仿制 P-2 导弹时，提供了两种焊接时用于焊接发动机燃料室的焊接合金。细心的中国技术人员却发现，在技术资料中，这两种合金的名称都被做了手脚——用黑黑的墨水涂掉了。

为什么要涂抹？

是出了差错？

显然不是。

研究人员十分清楚，苏联方面在援助时留着一手，在资料上面故意做了手脚。

这个小动作，反倒引起了中国技术人员的注意，知道墨水涂的地方，肯定是焊接的核心技术。

其实就是合金的牌号 T-70HX。

但仅仅知道合金的牌号还是不能解决问题，最关键的是合金的成分、性能和制造工艺，这三个内容搞不清楚仍然没用。

但这些内容苏联方面在资料里只字未提。

怎么办？

能不能讨教一下苏联专家呢？

有一天，一位技术人员试探着去问一位苏联专家合金中的两种元素含量是多少？

当时，那位专家像个聋子一样，仿佛什么都没听见，一句话都不回答。

过了好一会，苏联专家用轻蔑的口吻说："这个嘛，不能告诉你们。就是告诉你们也没用。未来的发动机结构要采用钎焊，中国如果需要钎焊合金，可以通过大使馆向苏联定购。"

直到苏联人全部撤走，这个"谜"还是留下了，一时难以破解。

假如不解开这个谜，中国新型导弹的研制就难以进行下去。

早在1959年，在1059导弹仿制紧张进行时，我国就开始自行设计第一个发动机型号。而我国自行研制的新型发动机则用了新的材料，但结构需要采用新型焊接工艺。这就是苏联专家所说的"钎焊"方法。

焊接分好几种，最常见的是熔焊，就是将要焊接的工件局部加热至熔化，冷凝后形成焊缝而使构件连接在一起成为一体。

苏联援助的 1059 导弹发动机燃烧室身部由于采用了低合金钢熔焊夹层结构，这不仅使发动机显得笨重，地面试车时也容易产生疲劳破坏。

还有一种焊接方法，就是钎焊。

钎焊，不是真正意义上的焊接，是通过第三种金属相连。

也就是将一种钎焊合金置于两种被焊金属之间，然后把它们放到炉子里加温，钎焊合金熔化之后将两种金属焊接在一起，这种钎焊合金的熔点必须低于被焊的两种金属的熔点。

钎焊工艺应用的关键在于研究一种高温钎焊合金。

它成功与否，直接关系到新型发动机的研制。

从国防科委到五院领导都十分重视，要求姚桐斌负责的材料研究室一定要在 1960 年底前研制出这种高温焊接合金。

这是一块难啃的硬骨头，这种研究在我国还是一片空白。

除了那个被涂抹的合金牌号外，手头没有任何资料可供参考。

一时间，苏联专家留下的谜竟成了"拦路虎"，阻碍了新型发动机研制的前进步伐。

1960 年 3 月 3 日，姚桐斌被任命为新型号导弹的总冶金师。

作为一名科学家的姚桐斌，当然不会向任何困难低头。在姚桐斌的人生字典里，找不到"低头"两字，只有"顽强""努力""拼搏"这类字眼。他决心带领研究人员学做景阳冈上的武松，一定要战胜那只"拦路虎"。

研究钎焊合金最重要、最难的地方，在于难以明确合金的化学成分。

十几名研究人员摸索出几种成分，然后按照配方开始试验，反反复复，到了1960年9月，试验才有了喜人的进展，可是，再接着试验时，遭受了挫折，又失败了。

他们只好放弃原来的方案，另辟蹊径，用新的配方继续试验，结果还是未能成功。

10月1日，新中国成立11周年，全院举行了干部参军仪式。姚桐斌和七室390多名科研人员一起穿上军装，加入了中国人民解放军这支光荣的队伍。

一个多月后（11月5日）传来捷报，1059导弹首次飞行试验取得圆满成功！

姚桐斌和全室人员欣喜若狂。

在仿制1059型号导弹的日子里，他们攻克了资料译制、材料试制、技术与工艺这三座大山，光是翻译、校对和描绘复制了35册共13500多页技术资料，编制了64种金属和125种非金属材料手册，这些资料堆集起来，比一个站立的成年人还要高出一头；与全国六大冶金厂、40多个非金属材料科研生产单位一起彻底解决了仿制的材料问题。他们用自己的聪明才智和辛勤的汗水，为 1059 仿制任务献出了自己的一份力量。

此时此景，让姚桐斌感慨万千，情不自禁地想起在北戴河钱学森院长朗诵的毛泽东诗词《浪淘沙·北戴河》中的最后一句："萧瑟秋风今又是，换了人间。"

这时，还有一件大喜事值得一提，那就是科研楼落成了，独立七室将要告别袁世凯军队曾经住过的破旧营房，搬进像模像样的实验大楼。

时间在飞逝。1960 年的日历也快翻完了，又到了落叶的时节。窗外，被厚厚的白雪覆盖。

又一个寒冬来临了。

姚桐斌的心情，在时光的催促下变得格外沉重。因为进入 12 月，留给他们的时间不多了，可钎焊合金成分还确定不下来。一向沉稳的姚桐斌也开始着急了。他立即召开紧急会议，决定更改原来的试验方针，提出放弃自制土炉熔炼的方案，借用外单位的研究条件完成任务。

另外，姚桐斌决定兵分三路，突击研制。一路前往上海，一路前往沈阳，第三路留守北京。

借用外单位的科研条件冶炼钎焊合金，前提是必须找到一家拥有真空熔炼炉的单位。

经多方打听，得知北京有一家研究院有这套设备。

七室的研究人员立即前往该单位接洽，不料，碰了个软钉子，说自己的任务太重，根本不能外借设备。无论你怎么费尽口舌，把好话道尽，人家照样不点头。

姚桐斌也想不出好办法了，只好向上级如实汇报。

国防科委秘书长安东，不得不为此动了个小小的脑筋，给该单位研究院打了一个电话，通知说王诤要去你们单位参观炼钢实验室。

殊不知，这个研究院的院长和国防部第五研究院的副院长王诤，是延安时期就认识的老战友。他听说王诤来了，便亲自出来迎接。

"你怎么有雅兴来这里参观炼钢实验室？"

"在延安时，未参观过你的炼铁炉，现在来参观你的炼钢炉，正好补个缺。"

说完，两个老战友都开怀大笑。

他想不到，王诤是有备而来的，身后还跟着材料专家姚桐斌。

当参观到真空熔炼炉时，王诤的随行人员恰逢其时向他们提出借用这些设备做些实验的要求。那位院长一口应承下来，并立马布置下去。

有了这套设备后，材料研究室很快有了成绩。

紧接着，研究人员拿着这份成绩单，到北京电子管厂进行锻造和轧制，再回到研究室测定熔点，再做钎焊工艺试验。

为了抢时间，试验人员不分昼夜，争分夺秒地工作。

而姚桐斌无时无刻不在听取来自各方面的汇报，及时协调解决任何时间出现的各种问题。

经过20多天的奋战后，第一批按照新配方冶炼的钎焊合金轧制出来了，测试结果非常遗憾，它的熔点太高，不符合要求。

首选的方案又被否定了，所有工作人员心里难过极了。

这时，有人脑子中闪过一念，说："不是还有个补充方案吗？"

姚桐斌问："它进行得怎么样？"

一位科研人员回答："已经按照方案冶炼好了铸锭。"

姚桐斌高兴地说："赶快把它加工出来。"

这时，姚桐斌参加了一分院的第一次党代会，他在会上光荣地当选为分院党委委员。

当姚桐斌开完党代会回来，另一种配方冶炼的合金轧制完成，大家立即动手，对它进行熔点测试，以及焊接试验和爆破试验。

这次，各种试验的结果远远超过了规定的技术指标。

终于成功了！

姚桐斌和技术人员们心花怒放，相拥在一起，庆祝在规定的时间内研制出了钎焊合金，战胜了研制新型发动机道路上的"拦路虎"！

中国导弹用上了钎焊合金，这钎焊合金不是通过大使馆从苏联人手里买来的，而是中国材料研究人员靠自己的聪明智慧和坚韧不拔的意志，反反复复地试验后自己研制成功的，这也像是给当年那位苏联专家狠狠地扇了一记耳光。

从此，也填补了中国高温锰基钎焊合金领域的空白。

那天，姚桐斌回到办公室，拿出那支陪伴他多年的心爱烟斗，装上烟丝，点上火，有滋有味地吸了起来。在烟雾缭绕中，他定神地望着一个地方，也许这时他的脑海里正闪过毛泽东在《别了，司徒雷登》一文中的名句："多少一点困难怕什么。封锁吧，封锁十年八年，中国的一切问题都解决了。中国人死都不怕，还怕困难吗？"

此刻的姚桐斌，是一副很享受的样子，显出了从未有过的轻松。

透过缭绕的烟雾，姚桐斌的目光落在办公桌的台历上。1960 年的台历，只剩下了薄薄的几张。虽然即将过去的是大风大浪的一年，但是，此刻的姚桐斌心里却是"两岸猿声啼不住，轻舟已过万重山"的感觉。

十四

那个时期，经济非常困难，像肉类、米面、禽蛋、白糖、食用油等，都实行配给制，居民们购物基本上都凭票。像自行车、缝纫机、手表等其他生活用品也是这样，买布要布票，买棉花要棉花票，甚至买双袜子也要票。人们把 1959 年、1960 年、1961 年，称为三年自然灾害年。

那个时期，姚桐斌刚从德国留学回国不久。

国内的生活和国外相比，在人的心理上会形成很大的落差。

面对生活的困难，姚桐斌从不抱怨。他知道自己回国，不是来享受生活，想享受生活他就不选择回国了。他回国的目的很明确，和其他科学家一样，用自己所学的知识报效祖国，让贫穷的祖国变得富强起来。

可是，彭洁清就不一样了。什么都凭票供应，这让她很长时间不适应。

一次，排队买肉，排到彭洁清时，售货员给的肉看上去有些不新鲜，彭洁清让她换一块，她理都不理，态度有些恶劣地说："你不要就走开，让给下一人！"

彭洁清哪里敢不要，不要就吃不到肉了。只好拿着它，闷着一口气离开。

回到家，她只能跟姚桐斌大发牢骚："独此一家，没有竞争，服务态度怎么会好？怎么能提升服务质量？"

姚桐斌笑嘻嘻地劝她说："牢骚太盛防肠断啊！"

姚桐斌不同意她的看法，说什么关键是对售货员要进行为人民服务的思想教育，提高售货员的思想觉悟等等。

为了让家人吃好，彭洁清还是想尽了一切办法。

有一次，一位邻居告诉彭洁清，农村社员家里有鸡和鸡蛋卖，因为他不愿意卖给供销社，觉得太便宜。她说她想去碰碰运气，问彭洁清去不去。

彭洁清当然也想去碰碰运气。

她们走了好远的路。

这一路景色很美，高高的树木成荫，田地一片金黄。可她们俩哪有心赏景，甚至连交流的话都很少，一心只想能买到什么可带回家的食品。

渐渐地，有几间低矮的房子出现在她们的眼前。

她们加快了步子，挨家挨户地问，才买到一些鸡蛋。

接着，又好不容易在一户人家看见了几只母鸡，可是一问价钱，却把她俩吓了一跳。价格太高了，要 20 多元一只。

她俩悄悄说："这价钱能买一只羊了。"

"同志，太贵了吧！一个大学毕业生一月工资才 47 元。"

那个社员说："一点也不贵。我就剩这几只鸡。我保证会有人来买的。"

彭洁清评价这个社员真是个经商人才，懂得市场经济和供求关系。

她俩的家里好久不沾荤腥了，还是咬咬牙，每人买了一只鸡带回家，也不枉赶这么远的路了。

回家后彭洁清都来不及歇口气，便赶紧收拾好鸡，炖上一锅汤。

她平时都会放些料酒，几片生姜，一根葱什么的。可当时已无这些佐料。

虽无佐料，但满屋还是飘着鸡汤的香味。

孩子们一进厨房，都忍不住吸吸鼻子，说："妈妈，好香啊！"

"妈妈，鸡煮熟了吗？"

"等爸爸下班回家，鸡就炖好了。"

那天，她们站在门口，双眼望穿等着姚桐斌下班回家。

他一露面，孩子们欢欢喜喜地扑上去。

"爸爸，今晚有好菜！"

"爸爸，有鸡吃！"

姚桐斌揭开锅一看，惊讶地问："这鸡你是从哪里买到的？"

彭洁清实话实说："从一位社员家里买来的。"

姚桐斌有些不悦地说："现在组织上规定，不许买私人的食品。我是所长，更应该遵守这个规定。"

本来，彭洁清满心欢喜，想着姚桐斌会给她几句表扬的话，不料，等来的却是一盆凉水。

"那怎么办？我都买回来了，总不能把这锅鸡退给社员吧？"

姚桐斌心平气和地说："那倒不必，以后注意就行了。供应紧张是暂时的，我们应该尽量克制一下。"

他不放心，又告诫彭洁清说："以后千万不要买私人的东西，好吗？"

说完，他自顾自地吃饭，一口鸡汤也不喝，筷子都没伸一下。孩子们可不管那么多，一口气把鸡吃了个精光。

又有一次，他们家收到一个包裹。一看，是彭洁清的亲戚从香港寄来的，里面装了奶粉等食品。她正在为孩子没奶喝发愁，感觉亲戚是雪中送炭。

当时，在北京六个月的婴儿就停止供应牛奶；二周岁的孩子米粉也会取消供应。她看着海关通知单，心想，这下解决大问题了。

她如获至宝。

姚桐斌把彭洁清叫到卧室，让她坐在床上，用委婉的口气和她商量："我们不取这个包裹好吗？"

"为什么？"彭洁清感到非常奇怪。"这是亲戚好心寄给我们的，再说，我没有找他们要。"

姚桐斌说："他们的好意我们心领了。你知道，如果我们接受海外寄来的食品，会给外国提供造谣的机会，他们会说我们正在挨饿。"

听完这些话，彭洁清心里感到十分好笑。她想，我们不是正在挨饿吗？为什么不能说？真是滑天下之大稽。

尽管她心里有一百个不愿意，对姚桐斌却不能直说，她怕伤害了姚桐斌的自尊心。她情愿委屈自己，也要体谅丈夫的苦衷。

最后，她答应姚桐斌把包裹原封不动地退还香港的亲戚。

后来，姚桐斌不吃私人的鸡和退还香港亲戚的包裹的事，被分院张钧政委知道了，他对彭洁清肯定地说："姚桐斌同志对自己和家人严格要求是对的。"

在彭洁清眼里，姚桐斌就是这么正直、天真，甚至是天真的可爱！

这个特殊年代，党中央十分关心奋战在导弹研制一线的专家和工程技术人员，总是想方设法给他们改善伙食，保证他们有个健康的身体。

一次，院有关部门在校官食堂里准备了一道好菜，请专家们会餐。其中就有姚桐斌。

当姚桐斌走进食堂时，便领到一张"特菜票"。

姚桐斌拿在手上，看了看，问："这是什么？"

有关人员给他解释说："用它可以去吃给专家准备的菜。"

姚桐斌马上问："你们有没有？"

这位领导说："我们没有。只有技术专家有。这是聂帅的指示。"

姚桐斌十分吃惊，他环视了食堂一圈，便摇头说："这怎么行？这菜我不能吃。"

在场的专家看到姚桐斌不吃，也都跟着不吃了。

1960 年 5 月，当中程导弹发动机开始试制生产后，工厂要求供应一批高质量的钎焊合金。

姚桐斌想，这种靠技术人员四处奔走、打游击的方式借别人的设备生产钎焊合金，不是个办法，不论从质量和数量上，都不能满足需求了，必须寻找新的路子了。

月尾，姚桐斌去江南出了一趟差。

就是这一趟差，让他有了新发现。他感觉到南方的经济形势比北方复苏得快，东西也比北方便宜。于是，他大胆地作出了一个决定。

回来的第二天，一上班姚桐斌就把一个科研人员叫到办公室。

姚桐斌像拉家常一样，给他说了南方的经济情况，又笑着说："我租了一艘'单放龙头'的小轮船回家，才花了 23 元钱。"

技术人员见姚桐斌高兴，顺便开了一句玩笑话："您真是光宗耀祖啊！"

姚桐斌嗔怪道："当年我失学时，在街上卖香烟，镇上的老人们都认得我，我怎么敢在乡亲们面前抖威风？"

接着，姚桐斌说："我主要是赶当天回北京的火车。有一件重要的事要赶快向王副院长请示，我想把我们北京和东北为主的钎焊合金协作基地转移到有条件进行文明生产以及生活条件比较好的上海去。"

姚桐斌话锋一转："决定派你去落实。明后天你就出发。"

技术人员愣了一下，为难地说："听说上海重工业基础薄弱，再说，我……我人生地不熟的，怕白跑一趟，耽误大事。"

姚桐斌宽慰他说："你不用发愁，上海方面会给你开绿灯的。"

他又详细地介绍了上海的情况，还把院领导给予的支持都一股脑地搬了出来。

技术人员知道，所长的决心都已经下了，不能再推脱了，不去也得去了。

果不其然，那位技术人员到达上海后，当地办事处派了专人负责他开展各项工作，没过多久，局面就打开了，确定了负责熔炼、锻造、热轧、冷轧、酸洗和热处理等工序。就连负责后勤方面的工作，都落实到了具体单位。

新的钎焊合金联合科研基地就这样快速地建立了，真正告别了游击战式科研生产的尴尬局面，开创了一个崭新的局面。

说起钎焊合金，想到了姚桐斌生活上的一个小花絮，不妨在这里说一说。

平日里，姚桐斌话语不多，是个不苟言笑的人，可他在有些场合讲起话来，却足以看出他的机敏和智慧，又是个幽默风趣的人。

一次，他应邀参加所里两位留苏工程师的婚礼。当大家请他讲话时，他自然祝福那一对新人百年好合、白头偕老什么的。接着，话锋一转，便滔滔不绝起来地讲："我认为他们一定会永远幸福生活在一起的，为什么呢？"他一个小停顿，眼镜片里的目光，炯炯有神地环视了一圈，说："因为新郎的专业是金属材料，而新娘是焊接专家，在座的各位一定知道，焊在一起的金属材料就变为一体，永不分离了！"

他的话赢得了满堂的掌声和欢笑声，也让那两位新人甜蜜地相拥在一起。

1961 年 11 月灾难又一次来袭。因食品短缺，造成许多人营养不良，得了浮肿病。许多人变成了"胖子"，脸是浮肿的，腿肿得紧绷绷的，手指一摁，就是一个坑，半天起不来。

一时间，这样的人越来越多，像得了传染病一样，一个接一个冒出来。

为控制病情的发展，分院采取紧急措施，要求各单位注意有劳有逸，尽一切能力抓好职工的生活，力争在最短的时间内控制住浮肿病。

聂荣臻元帅得知浮肿病正在科研人员中蔓延时，立即发动海军和北京、广州、济南、沈阳等军区，请他们想尽办法给予支援。

在那个特殊时期，部队的供应也相当紧张，但还是发扬了互助友爱的精神，勒紧裤腰带，给国防部五院大批鱼、肉、大豆和水果等食物作为支援。

分院自己也积极想办法，组织了一个打猎队，远赴甘肃、内蒙古等地，捕获了一千多只羊，获取了几万斤羊肉，这一下总算暂时缓解了食物供应紧张的局面。

但姚桐斌还是面黄肌瘦，这让其妻子彭洁清心疼坏了。每次，姚桐斌加班回来已是深更半夜，她都会从床上下来，给姚桐斌倒洗脚水，让他泡脚。

这时，姚桐斌总是对她体贴地说，"你睡吧，我自己来。"

那时候，人们都在传说，一粒黄豆的营养，相当于一个鸡蛋。所以，那段时间，彭洁清把黄豆用盐水煮好，每天数好 40 粒，放在碗里给姚桐斌，然后再给孩子们一些。而她自己却不怎么舍得吃。但她发现姚桐斌每天都会留出一部分，问他为什么不全吃了，他说他消化不了。

灾荒之年过去后，彭洁清又提及吃黄豆的事。

姚桐斌这才把真相告诉了她。

原来，是姚桐斌知道彭洁清把大部分黄豆都留给了他和孩子，这才每次都把自己那份留一半给妻子。

这个一向连善意的谎话都不会说的人，竟然说出这样的话来，作为他的妻子，彭洁清怎么可能相信？她冲着他用力点头，表示"相信"的那一瞬间，眼泪也随之夺眶而出……

十五

1961 年，是姚桐斌短暂人生中最紧张、忙碌的一年。

春节一过，姚桐斌就坐不住了。他把几个技术助理叫到办公室，说："过年期间，钱学森、任新民等十几位科学家听了聂荣臻元帅的指示。我也给你们几位传达一下。"

聂帅说："一家人过日子，少不得柴米油盐酱醋茶。这叫开门七件事。依我看，新型原材料、电子元器件、仪器仪表、精密器械、特殊设备、测试技术及计量基准就是国防工业和尖端科技的开门七件事。我们如果不把这几个方面搞上去，国防科技就打不开局面。"

就是聂帅这一番话，让姚桐斌顿感肩上的担子格外沉重。

姚桐斌说："为落实新材料研制工作，国防科委与国家科委一起，今年要抓几件大事，我们要做好充分的准备，抓住机遇，扎扎实实地为航天材料研制工作打开局面，为新型号上路当好开路先锋。"

这是姚桐斌对他的团队发出的战前动员。

他说话节奏不快，但句句掷地有声。说完，他停顿了很久，目光从他们脸上挨个看过去，他仿佛在寻找什么，是一种坚定的信念，还是必胜的信心？总之，他明白，新的一年里，他和他们都不会轻松，将会十分忙碌。

虽然，当时的国防部第五研究院的工作重点是"以型号为纲"，各级领导的大部分精力都放在火箭、导弹新型号的研制进程上，很少顾及材料。

连他们自己都清楚，本来材料工作就是配角，是服务的部门。

也可以这样说，材料在航天系统是非主流技术，火箭导弹的设计才是主体。

这一点，作为工程技术材料专家的姚桐斌也不会看不出来。

可姚桐斌认为，解决材料问题、攻克材料难关，是材料研究室的本职工作。假如解决不了材料问题，攻克不了材料难关，他们就是没有完成任务。

姚桐斌虽然是高级专家，但他总是严格要求自己，摆正他自己的位置。他说，他首先是个中国共产党党员，是以党员的标准选择了为人民服务的道路。所以，不管干什么，他都要尽职尽责。

为此，姚桐斌还勉励他的团队成员，要当好配角。

他用一个简单又形象的比喻说："梅兰芳演出时是主角，可是演《苏三起解》时还需肖长华演崇公道，二人在台上谁也离不开谁，各有自己的华彩。我们所在五院，就是要当好型号的配角，演好肖长华的角色，让梅先生担纲的《苏三起解》演成满堂彩。"

姚桐斌的话，也赢得了"满堂彩"，因为大家都在热烈地鼓掌。

从掌声中，他也听见了他们的心声，那就是他们也像他一样，愿意做一个好配角。

1961 年春节过后没多久，国家科委和国防科委联合发出通知，决定召开一次全国性的导弹新材料的规划会议，会议要参考国外的发展情况，结合我国实际制订出切实的防热材料发展规划，并还要组织一支队伍协作攻关。

会议于 1961 年 3 月 21 日召开。

史称"三二一会议"。

一接到通知，姚桐斌立即行动起来，做会议的技术准备工作，按专业分工组织技术报告，并决定亲自在会上作主题报告。

在准备工作中，姚桐斌思路清晰，强调抓两件事：一抓技术方向；二抓组织落实。

姚桐斌说："我们准备的会议报告，就是要论证清楚防热材料研制工作的技术方向，工作方向把握不准，就会差之毫厘失之千里。现在正是国家困难时期，我们要以对国家负责的态度做好这项工作。还要组织落实，选哪个研制单位，一定要精准，切记四处布点，广种薄收可要不得。我们必须要选择优势兵力，好好在材料战线上打一个漂亮的歼灭战！"

姚桐斌是个行动派，说到做到。

自己带头撰写主题报告；亲自带领团队走访预选一批研制单位；上报国防科委，邀请他们参加会议，从而组织起一支全国性的向新材料进军的科研大军。

3月21日，会议正式开幕了，非常隆重。

钱学森亲临大会作重要讲话；姚桐斌作大会主题报告。

他的主题报告精彩又有鼓动性。

为此，钱学森高兴地说："这次大会的主角是姚桐斌同志，我是来'帮腔'的。"

姚桐斌也风趣地说："真正的主角是钱院长，我们这些人能够当称职的配角，就心满意足了。"

话音一落，赢得全场热烈的掌声和欢笑声。

两位科学家互敬互让的情景，让每个参会人员无法不动容，也让人久久难以忘怀。

"三二一会议"之后，国家计委、国家科委、国防科委又于同年8月7日在北京联合召开了全国性新材料规划大会。

这次会议是为我国导弹金属材料的研制制定规划。

全国有37家科研机构和高校的领导与科研工作者参加了此次会议，规模比"三二一会议"更大。

这次会议，姚桐斌真正唱了主角，他以一贯严谨的作风，一丝不苟地领导大会的准备工作。

他又亲自带队去各个协作单位，狠抓组织落实。国内许多著名的金属学家，在姚桐斌盛名的影响下，都来参加会议。

这次会议盛况空前。国防科委的一位领导风趣地说："姚桐斌振臂一呼，'八七一会议'就开成了冶金战线上的群英会！"

"三二一"和"八七一"会议，是我国航天事业发展过程中的两次重大会议，以它们为起点，真正开启了全国协同研制航天新材料的壮观局面。

在国内导弹火箭新材料研制的同时，国内的材料基地也逐步建成，在这一过程中，姚桐斌留下了浓墨重彩的一笔，真正确立了他是我国航天材料及工艺技术领路人的地位。

在"三二一"和"八七一"两个会议之间，即1961年5月30日至6月7日，还召开了另一个重要会议，即全国高温测试会议。从表面上看，似乎只是国家科委主持召开的一次学术会议，但它对我国航天材料的发展，同"三二一"和"八七一"一样有着重要意义。因为那两个会议是硬件，为型号发展提供了物质基础，高温测试会议则是软件，为型号发展提供数字基础。

其实，"高温会议"和"三二一""八七一"会议有着质的区别。"三二一""八七一"都是在聂荣臻元帅指示下，由国家科委、国防科委自上而下有组织有部署地召开的。而"高温测试会议"则是姚桐斌倡议的，是自下而上、需层层汇报，最后得到中央支持召开的。

当时，又有人开玩笑说："这一次是姚桐斌赤手空拳打天下，全靠他的真功夫了！"

就在这次高温测试会议上，姚桐斌拿出了真本事，成立了我国高温测试技术领导小组，建立了配套的高温测试技术、测试方法和测试装置的基地。他这一科学远见深得业内人士的赞许。

时任发动机总体设计部主任任新民对姚桐斌说："我们搞设计计算，需要用材料数据。我们用的是国产材料，但供货单位并不提供高温性能数据，我们的设计员只好找材料手册，找外国材料的高温数据，老费劲了，而且，这样做的结果是设计员不得不再加上一个保险系数，他们往往把保险系数搞得过大，又不敢轻易降下来，从而增加了结构的重量。今天，我们就靠你了，等你拿出中国人自己的高温数据来！"

这三次会议，在姚桐斌的心目中，具有同等重要的意义。

他在总结 1961 年全年工作时，是这样表述的："这三次会议，可称为建所以来的三块工作基石。"

这三块基石，犹如坚实稳固的大厦基座，万丈高楼平地起，直入云霄任风雨，这三块基石成为了材料及工艺研究所此后一切工作的起点和根基。这是姚桐斌为他殚精竭虑工作的研究所做的贡献，也是他呕心沥血为中国航天事业做出的一份重要贡献。

1961年夏天的一个下午，姚桐斌从钱学森院长那里回来，兴奋地对管理部门的几位助理说："型号研制工作开展以来，材料的问题那么多，上上下下都在关心，也都在担心，有些新材料，我们过去听都没听说过。今天，我向钱院长汇报工作时，与他一起探讨，材料工作究竟该怎么做。既不能头痛医头，脚痛医脚，消极被动地应付；也不能眉毛胡子一把抓，分不清轻重主次。火箭导弹的材料应该高屋建瓴，在型号设计的同时也开展材料设计。"

我们从中可见姚桐斌的远见和赤胆忠心。

从此，姚桐斌在总结1059仿制过程中解决材料问题时，存在的正反两个方面问题的基础上，正式提出"材料设计"这一概念。

这个新概念的提出，标志着材料领域一次跨越性的发展。

1961年9月6日，姚桐斌按照钱学森的指示，在国防部五院范围作了一次报告，目的是宣传材料工作在整个型号中的工作地位，取得了型号设计部对材料设计这一概念的认同和共识。

换句话说，在型号设计的同时，必须进行相应的材料设计。

更直接地说，是材料研究工作者应当做好型号设计的材料参谋。

这一概念出台没多久，就得到广泛的认同和赞扬。

时任发动机总体设计部主任任新民说："听了姚所长关于材料设计的一席话，我们搞设计的就找到了靠山，可以把心放下来了。今后的关键是我们双方要加强联系，让型号设计和材料设计协调发展，相互扶持，相得益彰。"

时任总体设计部主任谢光选也带领几位主管设计师到研究室，一同商讨型号设计和材料设计的关系，以及如何协同发展等问题。

姚桐斌把自己的想法和盘托出。

谢光选频频向姚桐斌拱手致意，气氛异常活跃，商讨会开得非常成功。

杨亚中是长征时期的老红军，时任五院政治部主任。他在一次会议上说："听了姚桐斌同志的报告，才知道我们院除了型号设计，还有材料设计，两者是同等的重要。我们共产党人是唯物主义者，唯物主义就是要讲物质基础，材料设计就是为型号设计提供可靠的物质基础。"

"三大会议"上确定的，是对材料发展既长远又全面、非同小可、跨时代的宏伟规划。

要实现这些规划，研究室的担子就更重了。

说句老实话，已经超出研究室的能力范围了。

用一个形象的比喻，就是小马拉大车，有些难以胜任。

为此，国防部第五研究院领导根据国家导弹火箭的研制，以及一分院建设与发展的需要，于 1961 年 9 月 30 日，批准了一分院组建材料研究所的报告。

从这一天开始，我国第一个航天材料研究机构——国防部第五研究院第六研究所宣告成立，姚桐斌出任所长。

1962 年 2 月 28 日，国务院总理周恩来正式签署了任命书。

这是姚桐斌短暂人生中的一个高光时刻。

十六

在姚桐斌眼里，不论是过去的研究室，还是现在的研究所，都带着"研究"两个字。那么，既然是搞研究的，研究人员就必须掌握研究方法。

姚桐斌为什么会提出这样一个问题？

这是有原因的。

当时，所里的大部分研究人员都是新手，他们不是大学生就是中专生，在学校虽然学过不少专业知识，但是怎样把所学的理论知识与具体的工作实践相结合，以及怎样正确开展研究工作，还需要学习掌握。

什么是研究呢？

姚桐斌解释得很巧妙，研究的英语单词是"research"，其中词头"re"的意思是"重复"，而词根"search"的意思是"寻找"，二者合在一起是"重复寻找"的意思。所以，研究的过程是反复寻找客观事物发展变化规律的过程。

这个解释是多么简单明了，我们不搞研究的外行人，也能懂得研究是做什么的。

怎样更好地找到客观事物的发展规律呢？1961年姚桐斌开始冥思苦想。

在他深思熟虑后，一边繁忙地工作，一边抽时间开始撰写《研究工作方法》。

全文约25 000字，分十一个章节。

钱学森对这部《研究工作方法》非常赞赏，给了很高的评价，认为此文对导弹火箭研究人员有着重要的指导作用，推荐发表到院刊《研究与学习》上。

但凡理论文章，给人感觉很学术，也很枯燥。但姚桐斌的这篇文章却不是这样，他在前言中开宗明义地比喻说："进行科学研究如做其他工作一样，必须具备几个基本条件，其主要是：一、材料；二、工具；三、方法。这就比如造一栋房子，有了建筑材料，有了建筑工具还不够，还要有一套设计及施工的方法。"

《研究工作方法》强调要按科学规律办事，树立和培养科学的态度、作风、秩序和程序，还将研究工作与型号研制工作结合起来。

"自然科学研究工作，不管在任何一个领域里，总是为解决生产的某一个问题，或是对某一种理论进行探索，以进一步达到服务于生产使用的目的。针对我院的性质与特点，研究工作的目的性更为鲜明，它是为了解决型号设计试制过程中一些理论问题及技术问题，或为远景的发展工作进行探索。为未来的型号研制工作做好先行。"

姚桐斌还对研究工作进行了阶段性的划分，大致可分为三个阶段：一是准备阶段；二是试验阶段；三是研究结果分析和总结阶段。

在中国航天材料研制初期，能遇上姚桐斌这样研制新材料的专家，可谓是中国航天之大幸。有位航天界的专家说："如果姚桐斌当年不遇害，一直健在的话，中国航天材料领域可能会比现在先进十年。"

对于中国航天材料的研制而言，十年可以完成很多工作。

姚桐斌却在盛年的时候被害了，一个航天界无比出色的英才、大专家，就这样永远离开了。这不能不说是中国航天界巨大的损失，更是业界人心头无法言说的痛。

从事材料研究，必然会接触大量易燃、易爆、有毒和有害物品，姚桐斌时刻牢记这一点。

他在《研究工作方法》中，特别强调技术安全问题，阐述得十分详细："技术安全是生产第一件大事。在试验工作中，由于其条件复杂多变，技术安全工作更为重要，它涉及设备仪器的寿命，而且也涉及试验人员的安全……"

在实验室，要特别注意什么，文章里写得清清楚楚，比如要注意水、电器的线路、管路及其开关的安全性。对高压气体、高真空气体、高真空设备、易燃易爆气体应有防爆装置等。试验人员对急救常识应有一定的了解，以免发生安全事故时手忙脚乱，不能及时急救。

这一点，又像是一本教科书。

关于写好科学研究报告和技术文件，姚桐斌也说得很详细。他认为："科学研究报告是一项研究工作的科学的总结。它是整个研究工作过程及其成果的集中反映，通过研究报告的编写可以把实践中取得的经验提高为新的理论……总结工作也可使自己在理论水平及科学研究方法上获得显著的提高。"

在谈到研究报告的语言时，姚桐斌指出："写科研报告及科学论文的词句必须简洁、洗练、确切、通顺，避免冗长、繁琐、含糊、晦涩，避免用写文艺作品的词藻，应注意到科学写作的风格和特点。"

看到这，让人无法不对姚桐斌再次生出敬意，连写报告的语言他都教你。也可以换种说法，他对别人的报告是有要求的。

后来，才知道姚桐斌之所以这样要求他人，是因为他的办公桌上，每天都堆满研究报告和技术文件。在审阅过程中，他总能发现报告中存在这样那样的问题，需要花大量的时间和精力去修改。

有时，为了集中精力，他让秘书守在门口，暂不让人进来打扰。

每年的初夏，姚桐斌总要患花粉过敏症，犯起来还很严重，像得了重感冒，还会发高烧……但无论天气有多热，他都不敢开电风扇（那个年代没有空调）。一份报告审阅下来，有时要花去大半天的时间，他主要的精力是花在修改上，况且来自各方面的技术报告又那么多。

但不管来自哪方面的报告和文件，姚桐斌始终审阅得很认真，从内容到形式，从试验数据到标点符号都要细看，一个错字，用错一个标点，他都要改正过来。

有一位技术员，一直认为自己的文章写得不错。可到了姚桐斌手里，还是修改了好几处。他自己看见后都不好意思了。

对那些写得差的报告，姚桐斌会毫不留情地退回，让作者重写，或者把作者叫到办公室，和他一起讨论修改。

一次，姚桐斌发现一份用红墨水写的报告，立即对作者进行了批评。

还有一次，姚桐斌从市里打来电话，让一个技术员给他送一份材料。

当姚桐斌看完材料，便批评说："这份材料不行，你们做工作应该先进行调查研究。"然后，要求对方拿回去修改。

当修改完再送回来时，姚桐斌满意了，说："工作就应该这么干。"

姚桐斌对手下"苛刻"，都令人很服气，严谨的作风是每个科研人员必备的基本素养。

而且，姚桐斌对自己也是以身作则，严于律己，作大家的表率；他写的研究报告和工作总结，结构严谨、逻辑性强、文字通顺，这些不用说了，字迹清秀、页面干干净净，成为了许多科研人员的学习样本。有个别年轻人还模仿过他的字体，有的还珍藏他作过指示的报告。总之，姚桐斌不仅是大家心目中的好领导，还是很多年轻大学生钦佩又崇拜的专家。

改革开放之后，国家非常重视知识。

凡是通读过姚桐斌的《研究工作方法》的科研工作者，尤其是研究所的人员，都把这篇文章当成宝贵的知识和精神财富。如果不通读全文，不认真领会，很难得到它的精髓。

有一位研究所的老人说："姚桐斌作为一个领导者，写这样一篇文章也不是太难，作为一个科学家，论述这样那样的研究方法，也不足为奇。可这篇文章难就难在字里行间不断闪烁着一个个光点，这些光点让我们从一个科学家身上看到了一种难能可贵的精神，这种精神该是所有科学工作者所必备的品质，也是共产党人所倡导的科学精神和工作方法，那就是'实事求是'！"

比如，姚桐斌在试验误差及其处理部分中，实事求是地指出："在研究工作中，为了提高试验工作质量，使试验结果更为可靠，盲目追求过高的仪器精度是不正确的，这会带来不必要的工作量和浪费。试验数据等的精确程度应整体加以考虑，它们取决于试验工作精度总的要求。"

在那个特殊年代，人人害怕祸从口出，说话都谨小慎微。在这样的环境里，姚桐斌写这样的文章，除了需要足够的勇气外，还需要一个科学家毫无私心、全心全意为了工作的高尚品质。

1961 年 7 月 17 日，即姚桐斌作完《研究工作方法》报告的半个月后，聂荣臻元帅在全院干部大会上作了一个报告，提出科研人员的根本任务是"出成果，出人才"。要求科研人员以"严肃的态度，严格的要求，严密的方法"开展工作，并强调："一切试验试制工作，都必须要有严格的规程，而且要保证质量。"

聂帅的讲话，让全院的科技工作者深受鼓舞，也让姚桐斌暗暗高兴，因为他的《研究工作方法》报告和聂帅的讲话思路是相吻合的，这也使得姚桐斌对未来充满信心和希望。他告诉自己，不管今后在工作中遇到什么样的困难，只要有党中央正确领导，有全体职工拧成一股绳的干劲，努力工作，中国的导弹火箭研制一定能取得更大的成绩。

这年 11 月 8 日，姚桐斌接到上级通知，当时的国防部部长授予他中校军衔。

当姚桐斌穿上佩戴着"两杠两星"的新军装时，儒雅又有学究气的他，更加英俊挺拔和帅气了。

后来，《研究工作方法》被打成"毒草"来批判。

改革开放后，姚桐斌的这篇文章，又被印成小册子，配上他的照片，发给所里新来的每位科研工作者，成为指导他们工作的必读物。

十七

1961 和 1962 年，召开了两个重要的会议。这两个会议都是聂荣臻主持召开的。

聂荣臻在中国知识分子的心目中，特别是科学家心目中威望很高。

1961 年 4 月，聂荣臻来到杭州西湖畔的王庄。

春天的西湖，湖水蔚蓝；岸边的柳条，不时地摇摆。微风从嫩嫩的柳叶间穿过来穿过去，又轻轻从人们脸上拂过，旋即吹到湖面，荡漾出一圈圈涟漪。西湖风景如画，鸟语花香，一派人间仙境的景象。可聂荣臻却心事重重，完全无心观赏人间美景。他只是在不断地问："大自然的春天来了，知识分子的春天能到来吗？"

随着中国导弹和原子弹的研制工作向前推进，知识分子的重要性越来越凸显，可知识分子的地位却日益下降。

一方面国家大力扫除文盲，鼓励人民群众学习文化；另一方面，大批专家和学者被鄙视为资产阶级知识分子，有的人甚至受到不公正的待遇……为此，聂帅十分忧心。

聂帅在一次会议上说："革命这么久了，大学为我们培养知识分子难道都是为资产阶级培养的？这不能理解嘛！"

这次聂荣臻来杭州主持会议，最大的目的就是如何给知识分子改善政治生存空间，让知识分子沐浴到和煦的春风。为此，他专门听取了国家科委、中国科学院、国防科委和上海市科委领导的汇报后，反复酝酿，最后拟定了《关于自然科学研究机构当前工作的十四条意见（草案）》（简称《科学十四条》）。

7月19日，中共中央批准了草案，并以正式文件下发，并作出相关指示，这个文件精神对于一切知识分子工作的部门和单位都是适用的。

《科学十四条》真正指出了科研机构的根本任务是出成果、出人才，多快好省地为我国科学技术事业作出更大的贡献是科技工作者的使命。还明确了党对科研人员的政策，强调在科研人员中发扬技术民主，改进工作方法，充分调动科研人员的积极性。

的确，这"十四条"极大地调动了中国科技研究者的积极性，也起到巨大的推动作用。但聂荣臻还是感到十分遗憾，因为《科学十四条》没有从根本上明确知识分子的阶级属性。也就是说，知识分子最不能忍受、戴在头上的那顶"资产阶级知识分子"的帽子，并没有真正摘掉，还戴在他们的头上。

这让聂帅心里感到很不安。

1962年2月15日，广州越秀山春意盎然，各种鲜花竞相绽放，吐着幽香，在空气里弥漫，好一个南国风光。就在这个春天里，全国科学技术会议在这里召开，这次会议，由聂荣臻元帅主持。

姚桐斌也来广州，参加了会议。

聂帅在会议上说："大家集中到广州后，我先找了科学家谈心，发现知识分子仍然顾虑很大。有人问我，对'资产阶级'这个提法如何理解？他们说，一提起知识分子，就是'资产阶级知识分子'，让我们觉得矮人一截，低人一等，子女也受到歧视。"

聂帅认为，这个问题要解决。他打电话给周恩来总理，希望他来给知识分子们讲话。

3月2日，应聂帅的请求，周总理来到广州会场，作了两个小时题为《论知识分子问题》的报告。

他在报告中，就外行领导内行问题作了阐述：

"外行领导内行要有个范围。以前我们讲过外行可能领导内行，这是讲的政治上、思想上、组织上的领导……我们说外行能够领导内行，不是要外行去干涉业务，对业务确实不懂嘛。就是学会了，外行变成内行了，也要尊重专家，尊重群众意见……"

周总理还鼓励知识分子们努力学习政治，不断改造自我，更好地为人民服务，为建设社会主义服务。

周总理的讲话就像春风掠过心底，让广大知识分子不知有多快乐。

提起周恩来总理，姚桐斌的妻子彭洁清也是满怀感激。她说："虽然周总理离开我们已多年了，中华大地的知识分子谈起他时，无不充满着爱戴和思念之情。"

有两件事，应该在这里说一说。

那就是姚桐斌被害的消息传出后，周恩来总理震惊得手中的茶杯跌落在地，很久说不出话来，他指示公安部部长谢富治立即查明此案。

这之后，研究所和七机部其他部门的人，才敢去彭洁清家中探视。他们对姚桐斌的妻子彭洁清说："早就想来看望您，但你们家的四周，总是有人在监视，不让入内，直到周总理明确指示后才撤走。"

这些去看望彭洁清的人，大部分都是工作技术人员，他们对姚桐斌被害，既悲痛又惋惜。

有一位工程师提到，姚桐斌在被害的前两天，还参加了一个会议，参与讨论了我国计划发射第一颗人造卫星的技术问题。姚桐斌在会上表态，研究所可以负责卫星的防热系统群。回到所里，姚桐斌立即向有关部门布置具体的任务。

"我在清理姚所长办公室的遗物时，发现就在被害的当天上午，他还在批改卫星保温防热材料的报告……"另一位工程师说着说着，就哽咽起来。

一位身患绝症的女工程师，听到此处禁不住失声痛哭："为什么不是我死啊！我真愿用我的生命来换取姚所长的生命。我死了不足惜，姚所长死了，我们所的工作怎么办？"

她的哭声，引起一片唏嘘……

1970 年初，彭洁清所在的单位被宣布撤销，全校师生员工下放到河北农村。图书馆的书一本也不搬，大家的书也都当成废纸处理，以 7 分钱一公斤卖掉。下乡务农，谁还用得着书呢？

军宣队宣布 3 月底全部搬迁完毕。

可万万没料到，彭洁清的三女儿小罗汉感染上了急性肝炎，住进了医院，还是住在传染病科。

彭洁清着急了，心想，这怎么办？小罗汉才 5 岁，生活不能自理，还得照顾她。我下农村了她怎么办？

她只好向军宣队报告，要求暂缓下乡。

军宣队的领导却回答说："不行，必须和大家一起走。"

"那我住院的孩子怎么办？"

"你带大的先下去，等小的出院时再回北京接她。"

"她那么小，我不去医院探视行吗？"

军宣队领导没有应允她的要求，无奈之下，彭洁清只好跑去医院，看能不能把小罗汉接出来，一起走。

医生用惊愕的目光看着她，说："传染病怎么能提前出院？"

彭洁清苦闷地回到家，一边整理东西，做好去农村的准备；一边焦急地想办法。

突然，有个慈祥的面孔浮现在她的面前——周恩来总理。

她激动的眼泪夺眶而出，心想桐斌入党他不是知道吗？他对桐斌一直很关心……

她马上坐下来给周恩来总理写信。

　　敬爱的周总理：

　　我的爱人姚桐斌同志原为七机部一院党委委员、研究所所长，于 1968 年 6 月 8 日被人杀害，我们的三个孩子一直由我抚养。现在我的工作单位——外交学院分院是撤销单位，学校全体人员将迁至河北省农村插队落户，可我家中有些困难，特此向总理汇报。

　　我们的三个孩子都是女孩，最小的年仅 5 岁，因患急性肝炎住院，现在仍在医院。我一个人带着她们去插队，实在困难。这些情况，七机部军管会杨国宇副主任和钱学森同志都是比较清楚的。

　　我是 1947 年在南京高中毕业后获得奖学金出国的，在美国上大学，并且工作了一段时间，于 1957 年底回国。回国后，先后在中国科学技术大学和外交学院分院教英语。

　　我和姚桐斌同志家中都没有什么亲人。因此，他被害后，一直由我抚养三个孩子，恳请总理对我的困难再予以考虑。

　　此致

敬礼！

彭洁清　敬上

1970 年 3 月 25 日

　　彭洁清说自己是在万不得已的情况下，抱着试试看的心理，给周总理写了这封信，怎么也没有想到，日理万机的总理，竟然在一周之内，就在她的原信上作了批示。

　　请彭绍辉同志告外交学院分院军代表，暂不忙动员彭洁清插队，请与七机部军管会副主任杨国宇同志、钱学森同志一谈。看姚桐斌是如何被害的，案件是否有人在查，家属应如何安置，均望查清，并提出处理意见上报。

周恩来

一九七〇年三月三十日

　　彭副总长很关心这件事，于是杨国宇和钱学森给彭绍辉打了一个报告。

关于姚桐斌同志被打死后处理情况报告

彭副总长：

遵照总理三月三十日对彭洁清同志的指示精神，现报告如下：

一、原七机部党委委员七〇三所所长姚桐斌同志，一九六八年在两派武斗时，一日中午从办公室下班回家被打死，当即报告总理……凶手现在北京市公安局看守所关押。姚桐斌案件已列为队中一个重点问题，正在追查。

二、姚桐斌死后，对其遗留的三个孩子生活补助，按国家规定，每人每月二十元，对其本人，则是按军队师职干部标准发给六百五十元。

三、彭洁清同志，目前插队确有困难，已按总理指示已告外交学院分院，暂不忙动员插队，其工作如外交学院分院不能解决时，建议由北京市革命委员会安置。

此致

敬礼！

钱学森、杨国宇

一九七〇年四月三日

当时，彭洁清并不知道周总理的批示，也不知晓杨国宇和钱学森给总理写的报告。她是很多年后才得知的。

但她所在的学校军宣队接到上面的指示后，派人到河北，把她的档案调回北京，并交到独臂将军彭绍辉副总长手里。这就意味着她不用带着女儿下乡插队了。

就这样，在周恩来总理的亲自关照下，彭洁清和孩子们留城的问题得到了顺利解决。如果不是这样，彭洁清带着三个未成年的女儿，其中最小的年仅 5 岁的小罗汉还身患急性肝炎，去河北农村，她们会是怎样一幅艰难情景可想而知。

再接着说知识分子的问题。

3 月 5 日，陈毅副总理也作了有关知识分子的重要报告，报告里讲到"你们是人民的知识分子，是革命的知识分子，是为无产阶级服务的知识分子。"

陈毅的话，让知识分子们非常震惊。他们以前从来没听过这样真诚、热忱又中肯的话语。

陈毅副总理还说："不能够在经过十二年的改造、考验后，还把'资产阶级分子'的这顶帽子戴在所有的知识分子头上，因为这样做不合乎实际情况。"

这些话，太暖心窝了，知识分子们激动地拼命鼓掌。

陈毅又接着说："今天，我要给你们'脱帽加冕'，就是给你们脱掉'资产阶级知识分子'的帽子，加上劳动人民知识分子之冕！"

这是从一个国家领导人的嘴里说出来的话，这也是知识分子们想说又不敢说的心里话。他的话音未落，会场又一次响起雷鸣般的掌声。

此刻，姚桐斌的视线模糊了。

很多知识分子眼眶都湿了。

姚桐斌和在场的几百名知识分子无不欢欣鼓舞，报以热烈的掌声，回馈给台上的人。

然而，后来的事实证明，姚桐斌和其他知识分子都太天真了。这种摘帽子不是开一两次会议，不是几个中央领导说话，就能摘掉的，需要知识分子们不懈努力，不懈进取。这一定是个漫长的过程。

十八

会议一直开到 3 月 10 日才结束。

姚桐斌心花怒放，迫不及待地赶回北京，想把广州会议的情况快点向院领导汇报，并告诉全体职工，让大家一起高兴高兴，一起分享摘掉"资产阶级知识分子"这顶帽子的快乐，让他们尽快卸掉身上的包袱，全身心地投入到科研工作中去。

回来后，姚桐斌向单位领导作了汇报，领导只是让姚桐斌在专家中传达广州会议的精神。

当时，有些干部认为，知识分子只不过是可以团结、利用、改造的对象，怎么一下子变成了人民知识分子呢？他们对广州会议还是有些接受不了。

但姚桐斌还是兴奋异常，更加不分昼夜地工作。他在审阅所科研工作计划时提出意见，指出科研工作必须树立自己动手、自力更生的作风。科研人员要克服只顾埋头读书和等待的思想，只有通过自己动手、不断实践，才能更快提高科研工作水平。

他还要求技术人员做完实验，必须写详细规范的技术报告，他亲自审阅并修改。

有关这一点，有位高级工程师深情地回忆说："姚所长对我们的报告看得可仔细了，技术方面不必说，哪怕错了一个字，一个标点符号，也都改正过来。我至今还珍藏着一份带有姚所长指示的报告。"

星期六晚上，吃完饭后，按惯例姚桐斌都要到办公室。有一次当他经过实验室时，有一束灯光吸引了他。于是他走了进去。

里面有一位年轻的工程师，正坐在桌前看书。

姚桐斌看见这位工程师好学的优点，便表扬了几句，然后坐下来和他攀谈。

就在谈话中，姚桐斌举目一望，便眉头一皱。

原来，实验室里面的东西堆得乱七八糟的，哪里像个做科学实验的地方？

当时，姚桐斌就批评这位工作人员："这哪儿像个实验室？明天是星期天，咱们大家一起来打理一下怎么样？"

通知下去之后，第二天一早，工作人员们都不敢睡懒觉了，早早跑实验室去准备干活。不料，还有人比他们到得更早，这个人当然是姚桐斌。

姚桐斌一到就动手干了起来，规整东西、擦玻璃窗、拖地等。他还要求大家对各类器件进行标注并码放整齐。

姚桐斌说："东西放在固定的地方，你们做实验时就免得浪费时间东找西找了……将化学物品标清楚，分开放，以免发生危险。"

等那些笨重器件一一归位后，他才满意地离去。

姚桐斌是个重量级科学家，可他一点儿架子都没有，放下身段和普通技术人员一样，身先士卒，为人师表，这就是他做人的品德。

之后，姚桐斌规定，凡是进实验室，一律换上工作服、工作鞋和工作帽。

有位总工程师说："现在大家都认为这些要求是理所当然的事，是工作中不可缺少的一个环节，但在那时，有人把它说成是'资产阶级的穷讲究'来批判呢。"

姚桐斌还指出，搞科研工作要学会运用统计方法，在取得数据后找出规律，而且还要量化这种规律，这是现代科研工作的一个重要方法。

接着，姚桐斌又开始思考事关科研工作的另一个问题，那就是科研工作不严谨。

这是一个亟待解决的问题。

由于科研作风不严谨，有人把课题报告中的 0.006% 写成了 0.6%，这差得也太多了。

有人把 248 千克写成 148 千克，2 和 1 都有可能弄错。

有人把"热塑性"写成"热固性"，这也太粗心了。

有的实验室的加热炉无水干烧，有的实验室因停水时未关水龙头，结果自来水哗哗地流了一夜，一个忘记加水，一个忘记关水龙头。水火都是无情的！

有人不认真阅读技术资料，在对某个材料性能没有足够了解的情况下，既不先制定出实验大纲，也不请示领导，就自作主张擅自进行试验，结果使四百克进口材料全部报废。

这样的差错是不应该发生的。

更可怕的是有人在实验室的废纸篓里找出了 6 张某零件的模拟报告……

这扔的全是心血啊！

每一件事，都让姚桐斌痛心得不行，体现了一个科研工作者认真严谨的工作作风。

去年，姚桐斌在作《研究工作方法》时就提出"科研工作还有一个作风问题"。

姚桐斌多次发现，有的职工画图表时，曲线画得很不精确；有的技术人员翘着二郎腿，一边扇着扇子，一边操作精度极高的天平；还有人把三十份模拟试验大纲当成废纸焚烧，一根火柴就将两个科研人员半年多的心血化为灰烬；还有，楼里的一个板报支架歪歪扭扭……

向来严谨的姚桐斌绝对不能容忍科研人员这种粗枝大叶的毛病，发现一个问题，他就要认真批评。

从板报这件小事上看，姚桐斌还是个完美主义者。

甚至觉得不可思议。

他说："板报支架不要求多漂亮，但作为一个研究所，我们有几百个工作人员，完全可以把它设计得正规一点，可为什么做成这个样子？"

还有一次，他去一个实验室，看见一名女职工正在操作天平，便走近身边想认真看看。这时，女职工一抬头，便发现了他，心一慌，急忙停止操作手中精度极高的天平，起身给姚所长让座，结果，由于起身的动作过大，天平发出"咔嚓"的声音。

姚桐斌看见对方慌乱的样子，说："小鬼，你是新来的吧？"

她红着脸，点点头。

他坐到椅子上，给她讲起了天平操作的正确方法。

"这种天平属于精密的天平……操作要轻拿轻放，不能有'咔嚓''咔嚓'的声音。这种声响容易弄坏天平，也不符合操作规程的要求。"

姚桐斌还语重心长地说："实验员就像一颗小小的螺丝钉，每个关键环节都离不开实验员。你们要重视自己的工作，许多科学家的研究都是从一点一滴的实验开始的。我在国外也干这样平凡的工作。当好一个实验员，关键问题就是要确保自己测出的数据准确无误，有使用价值，让科研人员放心使用你测出的数据，这就很了不起了！"

这位女职工深受鼓舞，连连点头。

后来，她说："姚所长的一席话，让我感到自己肩上的担子重了，也为自己能成为一名航天战士而自豪。"

当年，被姚桐斌称为"小鬼"的许多青年人如今都成为了航天专家。应该说，这与航天创业初期姚桐斌的亲自教导和严格要求是分不开的。

为了尽快地提高技术人员的专业水平，1962 年 8 月 2 日，姚桐斌在研究所组织了一次"科研作风专题研究会"。

他认为，表面看起来都是一些小事，但"千里之堤，毁于蚁穴"，很多事情常常会因小失大，因此他决定把所里出现的工作作风不严的事例，加上实物展示出来，加以分析对比，促使科研人员端正科研作风，培养良好素质，让大家知道提倡什么、反对什么，总结经验，吸取教训，更快地出成果，出人才。

组织人员进行筹备的时候，姚桐斌亲自担任总编审，每一件展出的内容他都要细细地过一遍。

有一天，一个筹备人员拿来一个纸烟盒，递给他看。

他问："这是什么？"

"一个研究室的实验数据。"

"哦？"，姚桐斌吃了一惊，怎么也没想到实验人员会如此怠慢自己的工作。他拿在手上仔细地看过后，说："用烟盒记实验数据，这个事例太典型了，展览一定要用这个实物。"

1962 年 8 月 20 日，经过三个星期的精心筹备，科研作风专题研究会隆重开幕了。

五十多个事例，七百七十多件实物被展示了出来。

它们反映了研究工作、技术学习与管理、技术责任制三个方面的先进和存在的典型问题。

研究会首先表扬了先进典型，包括先进集体和先进个人。有按照科研程序开展工作的课题组，也有善于积累资料和注意总结的课题组，还有勤奋学习、学以致用的个人典型。

对这些典型，研究会分别介绍了他们的特点，例如，有一位女科研人员，在工作中抓紧学习，把学习和工作紧密联系在一起。她平均每个月搜集资料 392 篇，写出了 5 篇高质量的技术报告。她与另一名研究人员合作写的《高温导热系统的测定办法》还在全国高温测试会议上获得好评，并建议在全国推广。

在表扬典型的同时，对那些落后违规的典型事例进行了曝光，很严肃地指出了他们在科研作风上存在的问题。其中，有工作责任心差的、学习态度不端正的、好高骛远的、缺少持之以恒精神的，甚至在学习上走了弯路的，等等。

还有上面的那些实例，在展览会上既有实物，又有文字注解，既有批评，又有分析。在全所职工内部引起了强烈反响和震动，也受到了一次深刻的教育。

展览会期间，全所各室进行了认真又深入地探讨，还有人写出了心得体会，共做了九期简报。

时至今日，说起这个"科研作风专题研究会"，研究所的长者们，仍然津津乐道。

有一位高工回忆说："当时，我的一份图表，因曲线画得不精确，也被陈列出来。"

难道他们不怪姚桐斌太不给面子吗？

他接着说："据我所知，没有人对姚所长的这种做法有意见，他也是为了把工作搞好才这么做的。当时，他不仅指出我的错误，还认真又详细地教导我怎样正确画曲线。用我的实例教育大家，以免别人重蹈覆辙。再说，我的名字没有写上，只有范例作品才标上人名。"

另一位技术人员说："科研作风专题研究会，是对科研人员的一次集中教育。姚所长平时说得最多的一句话就是'科研无小事'。"

"科研无小事"这句话很像一个成语"差之毫厘，谬以千里"，也就是告诉科研工作者，如果没有严谨的科研作风，是搞不好技术工作的。

科研作风专题研究会还引起了全院的关注，有的兄弟单位还组织参观学习。总之是好评如潮，达到了预期目的。

后来，姚桐斌总结说："这次科研作风专题研究会，在五个方面取得了收获：一、全所科研队伍的思想建设向前迈了一步；二、为科研队伍的作风建设打下了基础；三、在所内完成了一项重要的业务建设；四、对院内兄弟单位产生了一定的影响；五、找到了一种很好的调查研究和总结工作的方法。"

十九

一位老工人回忆说："我原先在工厂，没有在科研单位工作过。1963年，我调到研究所不久。有一天，姚所长来到我们这里，见到他时我很拘束。因为在工厂，我从未和厂长交谈过。姚所长平易近人，他先伸手握住我的手，说我是老工人，工作经验比较丰富。而他们，理论知识多一点。鼓励大家互相学习。"

姚桐斌还教他们怎样作试验记录。告诉他们所测的焊料熔点的温度一定要准确可靠，这样才能使用。

还有一位工人拿出他保存多年的一张便条，十分珍贵，上面印着研究所的标志。纸张已发黄，字迹已模糊，无不显示着岁月的流逝。上面写着：

电梯工人同志必须对电机及电器控制盘时常打扫，防止灰尘积聚。

电梯变速箱需时常加润滑油，找一块大的塑料布将电器部分罩起来。

这几位老工人都满怀深情地说："姚所长的话让我们感到亲切，他的敬业精神更让我们敬佩。"

从这些小事上，就可看出姚桐斌对工作多么倾心尽力。

姚桐斌在带领全所人员完成各项任务的同时，始终不忘一个根本的任务，即聂荣臻元帅要求研究所不但要出成果，更要出人才的指示。为此，他呕心沥血在航天材料工艺战线培养高素质人才。

他又是如何培养人才呢？

根据不同层次的需求，缺什么，补什么，完全切合实际，避开旧时象牙塔式的培养方法。

说起来似乎很简单。但导弹研制是一个门类复杂的系统工程，涉及很多的学科和专业知识。

如果一个研究人员，仅仅知晓自己所学的理论知识，那他一定算不上一个优秀的研究工作者；一名设计人员，如果缺乏基本的材料知识，那他也搞不好导弹设计；一个搞导弹材料研究的人员连什么导弹都不清楚，他也很难研究出满足技术要求的合格材料；同样，你想要更好地做研究工作，必须触类旁通，了解自己工作相关的专业知识。

这大概是"八一七"会议后，姚桐斌接到的一个任务，也是聂荣臻元帅提出要充分发挥老专家的作用，一分院安排任新民和姚桐斌等专家分别给导弹技术人员讲授专业知识，任新民负责讲发动机知识，而姚桐斌负责讲授材料知识。

就是这一次，或许是姚桐斌从中受到某些启示。于是，他联想到材料研究所的现状。研究所来的是一大批留苏学生和国内毕业的大学生，他们有热情、有工作的积极性，但缺少导弹知识，很多人连这个现代战争中的利器长什么模样都未见过。

鉴于这种情况，姚桐斌决定在全所普及导弹知识。

他从设计部门邀请一些专家来讲授导弹和火箭有关的技术知识，要求每个技术人员必须深入透彻了解用本所材料制造的零部件的相关知识。

为了使年轻人更快懂得什么是弹体结构、什么是控制系统、什么是发动机，以及发动机由哪些部分构成，他们的工作原理是什么等等，姚桐斌采取几项措施，派所内的材料专家去给导弹设计者讲授材料与工艺知识，派技术人员去工厂向工艺人员和工人们学习，让他们真正掌握从原材料到零部件的加工全过程。只有这样，才能互相学习、促进了解，使年轻人更快地认识和了解导弹研制工作。

姚桐斌自己也承认，作为材料专家的他，说起导弹他也是个"门外汉"，知道的也不是很多。

他最早知道导弹的威力，源于他求学的一个城市 —— 伦敦。它是人类历史上第一个遭受现代导弹袭击的城市。

1944 年 9 月 8 日，德国军队用 V-2 导弹轰炸伦敦，英国平民伤亡严重。

到 1945 年 3 月时，德军已在第二次世界大战中发射了几千枚导弹，给英国各地造成了巨大的损失，也给当地居民留下了难以抚平的伤痛。

但姚桐斌对导弹的了解还是不够深入。尽管研究所的日常工作很忙，他除了开会、看文件、批阅报告，剩余时间都用来学习导弹的相关知识。那一段时间，他记录了满满一盒子卡片，以及几百张资料。

姚桐斌认为，除了专业技术人员外，行政和政工干部也要学习，并掌握导弹技术。当时有一部分从部队调来的领导干部，为了让这些"外行"尽快进入角色，姚桐斌主动给他们讲授导弹专业知识。

有一次讲课，姚桐斌在黑板上画了一棵大树，在大树的树枝上，画满了盛开的鲜花。下面听课的人，都不知道他要干什么。

姚桐斌指着这棵大树解释说："焊接就好比这棵大树，焊接方法就好比这棵树上的鲜花。"接着，他在每一朵鲜花上写上各种焊接方法的名称。

这样通俗又易懂的讲座，他每周都要进行几次，促使一些领导干部增强了学习兴趣，也逐步掌握了导弹研制的基础知识。

学习了导弹知识，又向他们讲授了材料和工艺知识。

这个时候，姚桐斌邀请了国内一些著名专家来研究所举办讲座，如位于沈阳的金属研究所的李薰，时任金属研究所室主任、两院院士师昌绪等。他们的讲座，使听众拓宽了视野、丰富了知识，受到大家的欢迎。

在姚桐斌的教育理念中十分注重细节，并善于通过某些细节进行教育。有一次，所里召开技术讨论会，一位报告人信手在黑板上写下他的报告题目《Titan》（大力神）。当时，在场的听众谁都没有发现，报告人把英文大写 T 字母中的一竖写成了三竖。姚所长发现后，立即走上台，把多写的两竖擦掉。

他对报告人说："你写错了。"

通过这件小事，姚桐斌认为，全所有四五十人是从苏联留学归来的研究生和大学生，这个比例在整个导弹研究系统里都是最高的。俄语水平应该没有问题，但是在今后工作中，为了及时了解现代科学的最新发展情况，要求科研人员必须广泛地阅读国外文献资料。这个阅读的前提是需要掌握外语，尤其是英语。留苏回来的人员已经掌握俄语了，但不一定掌握英语。他要求所内技术人员一边巩固俄语，一边学习英语。

这是因为很多资料都是英文出版的，你不会英语怎么阅读？

很多技术人员真不太会英语。

于是，姚桐斌开办英语学习班，他亲自授第一课。还从解放军情报所和院情报处聘请四位老师授课。

姚桐斌还选派专人去沈阳的金属研究所专门学习英语，回来后在所里当英语教员。

现在再来看学习英语这件事，好像是很普通的一件事。当下小学就开英语课了。可那是 20 世纪 60 年代初，没有人重视英语，姚桐斌还被人当作"崇洋媚外"来批判。

可姚桐斌为了工作，毅然逆流而上。

由于他的坚持，使得材料及工艺研究所技术人员的英语水平成为当时全院最高的。

当时研究所的这批技术骨干，不仅精通业务，还能熟练运用一门甚至两门外语，这些都是在研究所时打下的扎实基础。

凡是对培育研究人员有益的事情，姚桐斌都会抓住机会去做，不轻易放过，并给予热心指导。

1963 年初的一天，一位科研人员正在专心致志地看资料，没发现有人进来，直到听见有人说话，他才知道是姚所长来了。

原来，姚桐斌找他是告诉他航空学会有一个学术会议，推荐他去讲讲钎焊合金的研究过程。发言时间大约二十分钟，让他先准备一下，并要他星期天先给大家预讲一遍。

这位科研人员急忙准备了一篇讲稿，按照姚桐斌的要求，星期天进行预讲。

他讲了有二十多分钟，虽然是试讲，但他还是感觉有些紧张，脑门上小汗珠都快沁出来了。

听完他的预讲，姚桐斌对他演讲的内容先作了肯定，提了一些意见，然后说："写文章有写文章的方法，作报告有作报告的技巧。"

接着，姚桐斌给他讲授演讲的技巧："你讲话语速太快，要稍微放慢一点节奏，给听众留下一点短暂的思考时间。说话时，始终要面对听众讲话，在黑板上写字时要写得清楚些，字要写得大一点，以便最后一排人能看见。另外，切记，不要一边写一边对着黑板讲话，要等写完以后转过身来才可以继续讲。"

姚桐斌的指导，不仅让预讲者受益匪浅，也让在场的人受益良多。

平时，大家都喜欢听姚桐斌讲话。他讲话时语气沉着、节奏分明、论据充足、逻辑性强、目的明确，既不照本宣科，又不拖泥带水，知识面也宽，很容易把听众带入他营造的氛围里，从而聚精会神地听讲，完全忘记时间。

大家都说听姚所长讲话是一种精神享受。

在姚桐斌眼里，凡是在研究所工作的员工，都在一个大家庭里，没有学历高低和贵贱之分，也没有职务上的差别，人人都有受教育的权利，获得培养的机会也是均等的，当然，每个人做出成绩都该受到尊重。

作为航天科学家，姚桐斌知道时间意味着什么，所以他在时间观念上，对自己要求非常严格，甚至苛刻。

他对自己如此，对下属也同样如此。

但要求的方式却很特别。

从一件小事就可以看出来。

一个星期天，所里一位年轻的技术人员要出差，姚桐斌把他叫到家里，在客厅里谈了很久，向他一一交代注意事项。

这时，彭洁清推门进来招呼吃午饭，正好看见他把一块手表交到年轻人手里。

彭洁清当时没说什么，因为她从来不当外人面给自己的丈夫难堪，事后，她问姚桐斌，为什么要把这块手表送人？

"那是我好不容易搞到的一张手表票，为孩子买的一块手表，准备她小学毕业时送给她作为礼物。你竟然送给了别人！"

姚桐斌对彭洁清说："当你要求这个年轻人要遵守时间时，

他的理由是'我没有手表'，那我怎么办？我能做的就是把这块表给他。"

那个年代，手表是个特别贵重的礼物。就是 20 世纪七八十年代，结婚的彩礼都是三大件，手表、自行车、缝纫机。更何况那是 20 世纪 60 年代，一块手表多珍贵啊，何况有钱没票也买不到！

但是，姚桐斌觉得值，因为让一个年轻人学会遵守时间比一块手表更有价值。

他看彭洁清面露不悦，便走上前去，轻轻地拍了拍她，又挽着她的手臂，走进饭厅。

后来，彭洁清说："当看见他日渐消瘦的脸庞，每次我都会心软，火山也就没爆发出来。"

从这件小事就能看出，姚桐斌是怎样把为航天事业呕心沥血与平常的为人处事融合在一起的。在他身上，公和私几乎没有了界线，个人的一切私事，都服从于公事，小到一块手表，大到自己所有的时间，他全部都捐献了出来。

二十

经历了 1059 导弹的仿制工作后，上致中央下到具体主管部门的各级领导们对材料的重要性都有了深刻的认识。

这对搞材料研究的人来说，是一件好事。

聂荣臻元帅就整个导弹研制工作提出过一个理念，"材料先行"。

钱学森也提出过，"目前，我们不仅应当考虑现有型号的材料，同时应该开始为新型号的材料作准备。"

这个被美国人称为"科学天才"的人知道，导弹设计时就需要选择材料，如果没有材料，导弹设计只能是纸上谈兵。

姚桐斌十分赞同，认为钱学森的想法高瞻远瞩。

他还了解到，苏联成功的经验就是材料工艺研究早于导弹设计三至五年。

而在国内，导弹所需的许多材料都还未生产过，更不被人认识。因而恐怕需要更长的时间才能问世。

姚桐斌的主张是"加强预研"。

就是说材料研究单位应该早动手、早准备。

姚桐斌多次在报告中强调预先研究材料的重要性。

为此，姚桐斌用最简单易懂的例子向大家说明"预研"的重要性。

他说："设计人员好比是顾客，他点了一道菜，而你却说我还不会做呢！我还得去买肉、买菜、养鸡下蛋，这怎么行呢？开饭馆的必须事先摸清顾客想吃什么，事先准备好肉、菜、蛋等，事先学会怎么炒菜，顾客点了菜后，你才能够马上做出来。甚至在你手里还要准备几道特色菜，顾客就冲你的特色菜来你饭馆，这样你的饭馆才会生意兴隆。"

姚桐斌极力主张有计划、按比例安排当前的研究和预先研究。

他认为材料研究应先于火箭设计，在考虑现有型号的导弹和火箭材料的同时，应开始为新型号作好材料的准备工作。这也是姚桐斌通过了解苏联和美国导弹、火箭技术发展的经验之后提出的。

再就是材料研究与发展的周期较长，设计与生产所需的周期相对较短。如果研究与发展能创造充分条件，则设计与生产的周期可进一步缩短。

"做好今天，准备明天，想到后天。"这是姚桐斌为材料研究工作安排的"三步棋"。

材料研究所在姚桐斌的掌舵下，材料研究工作真的走在了导弹、火箭型号设计的前面。从 1961 至 1964 年，共确立了 500 余项研究课题，有一半以上是预先研究项目，许多新材料如钛合金、难熔金属、高强度钢、新型不锈钢、高强度铝合金、高温钎焊合金、密封材料和复合材料等研究都有序开展了。还有许多新工艺，如焊接新工艺、化学铣切工艺、金属软管工艺、蜂窝结构工艺都相继开始研究，并取得成功。有的很快在导弹和火箭研制中应用，有的在之后研制的很多新型号上取得过可喜的成绩。

有的还填补了国内的空白，居于国内领先地位。许多技术转为民用，为国民经济建设创造了巨大效益。

这些巨大的成就，姚桐斌功不可没。

下面，介绍姚桐斌带领材料研究所技术人员取得的几项科研成果。

空间金属

火箭、人造卫星、宇宙飞船的飞行速度比飞机快得多，它们的工作环境也更糟糕和恶劣，所以对材料研究工作提出了更高、更严的要求。

人们都在寻找这种材料。

有一种叫钛合金的材料，就能满足这些特殊的要求。

钛是人类在 18 世纪 90 年代发现的一种银灰色金属。

1951 年，开始工业化生产后，很快受到重视，成为继铁、铝之后的第三金属，并享有"未来钢铁"的美称。

纯钛强度低，因而限制了它在工业上的应用。

怎么才能发挥它的作用，更好地使用它呢？

那就是在钛中添加其他金属元素，如铝、钒、锆、锡等，让它变成钛合金。

钛合金有着"拒腐蚀，永不沾"的品质，它密度低、强度高，还非常耐高温。于是，它成了尖端技术领域的新"宠儿"。

姚桐斌通过长期跟踪国外前沿技术了解到，从 1957 年开始，钛合金在尖端技术领域得到很好的应用，被用来制造固体火箭发动机的壳体、液体火箭发动机燃料贮箱、人造卫星的壳体以及载人飞船的部分零部件等。它既增加了飞行器的结构强度，又减轻了飞行器的重量，这让人们眼前一亮，把钛称之为"空间金属"。

于是，世界上 80% 的钛都用于航天和航空工业，成为导弹、火箭、载人飞船以及飞机制造中不可缺少的材料。

钛合金这种空间金属简直太完美了。

当时，我国还不能用工业方法生产它。

另外摆在面前的一个问题是，它的价格比黄金还贵。

20 世纪 60 年代时，1000 克黄金合人民币 500 多元，在实验室生产 1000 克钛合金价格竟高达 3000 多元人民币。

当姚桐斌提出研究钛合金的倡议后，把许多人吓了一跳，它成本太高了，假如研究不成功，这个损失谁来承担？

早在 1960 年，姚桐斌就提出过研究钛合金气瓶的想法。

这是一项较早的预先研究项目。

如何打消研究人员的顾虑？

姚桐斌自有办法，他耐心地解释说："我国的钛资源十分丰富，应该尽早开展研究工作。这样，就可在今后研制的型号上早早用上钛合金制造的零部件。不仅对提高性能有利，还可促进钛合金的生产和发展。不研究，它永远比黄金贵。我相信没有做不成的事。在不久的将来，钛合金的生产成本一定会降低。"

在姚桐斌的坚持下，钛合金应用研究开始了！

万事开头难。

姚桐斌把这项研究课题的负责人专门叫到办公室，非常细致地向他介绍了钛合金在国外的发展趋势，并强调了这项课题的重要性。

姚桐斌知道，由于材料昂贵，工艺设备短缺，困难一定是有的，但他一直给研究人员们鼓气，并建议他们先从制作小型模拟件开始。

当小型模拟件试验成功后，姚桐斌又鼓励研究人员们加快进度，要求他们早日拿出全尺寸产品，供设计部门进行试验。

课题研究组决定将钛合金模锻成形，制成半球形，再经机械加工，组装焊接成球形气瓶，最后进行液压气密和爆破试验。

可是，全国找不到一台大型水压机，只有几台中小型水压机，根本无法制造大型锻件。

怎么办？

他们被这个难题卡住了。

姚桐斌也束手无策，只能干着急。

1961 年 12 月的一天，研究课题的负责人突然从广播里听见一则消息：上海江南厂成功建成国内第一台一万两千吨水压机，这种大型水压机可以像揉面团似的把加热的钢材压制成各种各样的形状……

真是天随人愿，课题负责人高兴地从椅子上跳起来，马上冲出办公室去找一室负责人。然后他们又一起向姚桐斌作了汇报，并建议用这万吨水压机锻造钛合金气瓶。

姚桐斌非常高兴，认可了他们的方案，说："这个想法很好。你们马上去联系，争取早日行动起来。"

于是，课题研究组成员立即赶往上海。

上海万吨水压机的副总设计师得知这个任务的重要性后，马上行动起来，迅速把任务布置下去，要求工人们一定要全力以赴完成好任务。

结果，钛合金在万吨水压机上，真的像面团一样柔软，成功模锻出了钛合金半球形毛坯。

接着，科研人员又根据实际需要，改进了锻造工艺，提高了成品的合格率。

很快，钛合金气瓶在我国研制的各个型号的导弹和火箭上得到广泛应用，让钛合金气瓶代替了钢气瓶，在一个自主研制的型号上，减轻了结构重量 7 千克。又在另一个型号上减轻了 200 多千克。人们在一次发射事故后还发现，导弹上的其他部件都被摔得粉碎，唯独钛合金气瓶轻微受损，不愧是空间金属。

这个空间金属，第一次用在了东方红一号卫星上，使《东方红》的播放时间大大延长。可惜姚桐斌没能看到这一幕，因为东方红卫星上天时，他已经离开人世两年了。

钛合金气瓶研制成功，将我国导弹、火箭和卫星材料推上了一个新台阶。

疲劳破坏和化学铣切

乍一听"疲劳破坏"这个名词，感觉是个有血有肉的生命。

什么是"疲劳破坏"？

能否这样去理解，就像一个人劳累过度而倒下？

这也许是错的。

我又通过网络来解惑。

疲劳破坏是指在远低于材料强度极限甚至屈服极限的交变应力作用下，材料产生破坏的现象。

1962 年，某型号导弹发动机地面热试车出现问题。经查是发动机的零部件发生了结构破坏。发动机残骸被送到材料研究所作技术分析。

经技术人员仔细观察，发现它的断口处留有疲劳破坏的特征。

将这一结果报给姚桐斌后，立即引起了这位材料科学家的高度重视。

疲劳破坏是个漫长的过程，而导弹发动机工作时间又不长，很短暂，就十来分钟时间，怎么会产生疲劳破坏？这一点让姚桐斌有些想不明白了。

他当然知道疲劳破坏是一种什么现象，它是指金属构件在交变应力的作用下，表面产生一个很小的破坏源，这个破坏源又在应力的不断作用下慢慢扩展，最后导致构件断裂。

就这个问题，姚桐斌指示研究人员进行试验。

他们在一个力学性能实验室里制造出相同的断口，用科学的方法证明零部件断裂的确是疲劳所致。

姚桐斌终于明白了，这是导弹研制中存在的一个重要的破坏模式。

他马上带两名科研人员将分析研究结果写成文章，在《研究与学习》上公开发表。

文章这样写道："由于火箭的工作寿命很短，很多人曾误认为疲劳破坏不可能在火箭的组件中产生，但实践证明，由于火箭发动机在工作中产生不同程度的振动现象，加上某些零组件在火箭工作时处于复杂的载荷状况下，发动机某些部件的材料可能在极短的时间内达到'疲劳寿命'而发生破坏……在达到一定的振动次数后，材料便产生疲劳破坏。"

他们还对症下药，在文章中提出针对性的改进措施。

从这之后，材料研究所开创了一个"失效分析"专业。多次对发射事故进行具体的、有说服力的分析，对导弹和火箭的设计制造起到了指导性的作用。在后来许多年中，这一专业为航天事业的发展作出过重大贡献。

而今，失效分析已经成为导弹、火箭、载人航天器等研制和生产中不可缺少的重要环节。更好地为它们的研制提供优质的服务。

彭洁清说："姚桐斌的好些论文，在'文革'中丢失；而他在国外发表的论文，更是被一些人当成'资产阶级代表作'批判，也没有保存下来。真是可惜！"

化学铣切，是导弹和火箭构件生产环节中应用的一种新工艺。

我们不用了解它是什么，只要知道化学铣切的目的是增加刚度、减轻重量就可以了。

20世纪中期，美国就开始在雷神、大力神和土星等火箭及一些导弹的生产中最先应用了化学铣切工艺。

而那时我国对化学铣切工艺的研究才刚刚起步。

国内也有几家单位在研究。

本来，推进剂贮箱可以用化学铣切加工工艺，但设计部门没有选用，原因是研究结果都不太理想。

　　根据国外的研究动态，姚桐斌十分清楚这个工艺的重要性，积极要求开展化学铣切工艺的研究，还极力说服上级领导和有关部门将它列为推进剂贮箱成形工艺的第二套方案。

　　但研究所要开展化学铣切工艺研究，并非易事。因为要设备没设备，要场地没场地，完全是白手起家。

　　的确，他们面对的第一个大困难，就是没有试验场地。

　　每进行一步，姚桐斌总是和研究人员们在一起，他们一起想办法、出主意。

　　结果还是没找到合适的研究场地。

　　实在没办法，只好搭建临时工棚开展研究。

　　临时工棚不论有多简陋，但只要能开展试验就行。

　　没有刻型工具，就到商店去买普通的文具用品；没有切割刀具，就用普通的医用手术刀代替……

　　姚桐斌的身影也常常出现在简陋的工棚里，时刻关心着研究的进展。

　　一开始，科研人员用普通的橡胶进行试验，不料，等试样出来一看，只见上面起满了大大小小的泡，不禁大失所望。

　　这个试验失败了。

　　他们不气馁，又继续试验，结果仍然不理想。

姚桐斌相信，失败一次，就能前进一小步。失败是成功之母。他这样鼓励大家。

失败的原因找到了！

他们必须寻找到一种保护涂料，要求它有强度，在高温下粘接性好、剥离性强，既耐强酸又耐强碱。这是攻克这个难题的关键。

只有找到这种材料，才能顺利进行试验。

可上哪里去找这种原料？

如果找到这种理想的原料，或许就能找到一个合作试验的单位。

在姚桐斌的部署下，科研人员像一只只不知疲倦的工蜂，在全国各地寻觅，寻找化铣的原材料。他们在途中，为了节省时间和开销，不去旅店，就睡在车站里过夜，蹲码头的事也屡见不鲜……总之，克服生活上的一切不便，也要把理想的原料找到。

功夫不负有心人。在科研人员不辞辛劳地寻找下，又经过反复研究比对，终于确定了保护胶的最佳配方。

于是，确定了在天津某地研制。

天津离北京不算远。但在20世纪60年代初，往返一趟还是不方便的。那时候，不像现在有高铁，来往一次需要很久。也不像现在家家有小汽车，那时候单位小汽车都很少，主要的交通工具还是公交。何况研究所在北京的南郊，不管赶火车还是赶汽车，都要周转几次。

那段时间，他们几乎是每星期往返一趟。因交通不便，每回下了汽车后都得走四五十分钟的路程。

他们往返时，不论是严寒还是酷暑，行程总是非常辛苦的。但无论多辛苦，都要进行科研工作。

他们无怨无悔。

就这样，在天津搞了一年多的研究工作。凭着他们百折不挠的精神，凭着他们吃苦耐劳的美德，他们攻克了技术难关，化铣产品合格了！

那是一朵美丽的科学之花。

这让姚桐斌非常激动，因为他建议的采用化学铣切工艺加工推进剂贮箱的设想成为了现实，设计部门将第二方案变成了第一方案。

其结果充分表明用化铣工艺制造推进剂贮箱，比原来的结构减重 30% 左右，同时简化了推进剂贮箱的加工过程，既降低了成本，又提高了效率。

也是在姚桐斌的坚持下，化学铣切研究取得成功，让中国航天事业走向世界又近了一步。

蜂窝结构

1962 年 9 月 9 日，在大陆发生了一件令世界震撼的事情，一架国民党空军 U-2 高空侦察飞机被击落。

姚桐斌他们有幸看到机翼的一块残片。

机翼上有一层铝合金的蒙皮，揭开后便看到一个又一个正六边形的孔。

"这是什么结构，怎么像蜜蜂窝呀！"有人好奇地问。

同时引来了一阵笑声。

他们是第一次看见，也是第一次开眼界。

姚桐斌让他们别笑，说他讲得不错，这种结构就叫蜂窝结构。

姚桐斌又继续说："这种结构在国外的文献中早有记载，今天我们是第一次看到实物。这种结构的特点是重量轻、刚性好。我们要认真研究一下，试着做做看，说不定将来也能在导弹和火箭上发挥作用。"

姚桐斌对材料有着超前的敏感度，预先研判项目的选择总是很准确。

这之后，姚桐斌真的将铝蜂窝结构列为预先研究的一个项目。

科研人员利用简单的设备开始了艰难的试验工作。

先是一点点地摸索，这个过程反反复复，如果没有耐心，是无法进行下去的。

姚桐斌去试验现场指导，没少鼓励科研人员。他总是对大家说："外国人能做到的事情，我们一定也能做到。"

经过反复摸索和试验，预先研究又取得了巨大成果。

第一块铝蜂窝结构模块终于诞生了。

设计部门在某新型号导弹开始研制时，就决定选用铝蜂窝结构制造仪器舱的口盖。尽管这口盖很不起眼，只有半米左右，但它却成为了中国导弹第一次应用该技术，它比用化学铣切方法制造的口盖重量减轻了近一半，且结构张力有了大幅提升。

这又是一次材料研究绽放的美丽之花，也是我国航空航天材料领域的一个重大突破。

从某种意义上说，取得这些科研成果，得益于姚桐斌的远见卓识和专业底蕴，它们既满足了导弹和火箭研制的各种技术要求，也让我国的导弹和火箭研制水平上了一个又一个新台阶。虽然姚桐斌撰写的一些论文已散佚，但他主持领导过的一些科研项目，却获得了丰硕成果。

1985 年，国家科学技术进步评奖委员会为姚桐斌颁发了"科学与进步奖"，原因是其生前在运载火箭的研制与发展方面作出过重大贡献。同年，该委员会又为姚桐斌生前主持的"高温热物理性能测试基地的建立与发展"颁发了二等奖。

他的死，令人痛惜，但他的这些重大科研成果，已载入中国当代科技史册。

也是这时候，更多的人意识到，材料工艺在型号研制中有着举足轻重的地位，加强工艺研究也提上议事日程。

聂荣臻在听取国防科委等有关部门的汇报后，再次指示注意研究工艺问题，使之与设计水平相适应。他说："过去你们的任务是'抓两头，带中间'，现在还必须加上一个工艺的'大尾巴'。"

"大尾巴"指的就是材料研究出了成果后，还不能算完成任务，还需要进行大量工艺研究，以此为桥梁，最终将材料应用到新型号上去。

听了聂帅的指示，钱学森希望姚桐斌写一篇有关工艺问题的文章。

姚桐斌义不容辞接受任务。

差不多三个月的时间，他一边工作，一边完成了长篇论文的写作，论文题目为《火箭工艺的研究方向及理论问题》，该论文于 1962 年 8 月在《研究与学习》上刊登发表。

姚桐斌认为，"火箭技术的迅速发展，对围绕它的各门科学技术不断提出新的要求，其中除了与设计有关的学科以外，尤其要求材料、元件和工艺的配合……没有新工艺作为温床，新的设计思想就不能萌芽成长……"

他还指出："火箭型号研制的质的飞跃，必须依赖工艺的革新，因此，火箭工艺的研究和发展，成为火箭发展的必要条件。"

他在文章中还体现了这样一种认识："材料是基础，设计是主导，工艺是保证。"

尤为重要的是，姚桐斌根据国外导弹和火箭工艺发展概况，为中国导弹和火箭工艺研究指出了研究方向。每一个研究方向，都是当时最先进的工艺，其中包括成型工艺、切削加工工艺、表面处理工艺、高分子密封件材料成型工艺、胶接工艺、复合材料及复合结构工艺等。

钱学森看完他的这篇论文后，给予了很高的评价，说写得太好了！

自此之后，有关单位开始把工艺研究与发展放到很重要的位置上。

"材料研究所"也正式改名为"材料工艺研究所"。

多了"工艺"两个字，责任也相应变大了。

姚桐斌肩上的担子则更沉、更重了。

1963年7月3日，姚桐斌作为一个学有所成的材料专家，率中国代表团赴赫尔辛基出席国际焊接学会年会。

就在他去芬兰参加年会期间，彭洁清出事了。

那段时间，正值北京天气多变。她上班没几天，突然变冷了，她不得不回家取条被子。从家里返回学校，途中要转换几次公共汽车，正赶上几辆公共汽车都拥挤不堪。她抱着被子站了两个多小时，返校后立感身体不适。经校医检查，说有流产先兆，立即将她送到医院，结果胎儿仍是没保住。

她不知道，丈夫桐斌得知这一消息后会有多难过。

这也让彭洁清痛苦万分。因为他们已经有了两个女儿，她一直渴望能有一个男孩。而且，她也下决心，一定要为桐斌生个男孩。

后来，她又生了一个女孩。她总是有些抱歉地看着姚桐斌。

关于男孩女孩，姚桐斌非常开明，觉得女孩也很好。

姚桐斌还和彭洁清一再商量，这个孩子生下后，不再要小孩了。

彭洁清也同意了。生孩子毕竟是女人最辛苦的事情。

但孩子出生后，一听到护士告诉她又是个女孩时，她立刻改变了主意。她想，我们还年轻，经济情况也不错，再生一个并不多。

彭洁清的想法特别可爱，那就是她希望能有一个和姚桐斌长相一模一样的儿子。假如姚桐斌出差时，她就会感到他还在她身旁。

姚桐斌却十分疼爱她，见她这次生孩子，由于胎儿过大，身体恢复得很慢，担心她再生小孩会把身体累垮。他也不和她商量，便毅然决然地去做了绝育手术。

那时候，国家还没提倡计划生育，而作为男性，做绝育手术的更是凤毛麟角。

这一下，把彭洁清感动得泪如雨下。

她说："丈夫如此爱我，我何其有福，此生无憾矣！"

她还说："桐斌和别人一样，也有七情六欲，虽然他不为'不孝有三，无后为大'的传统观念所束缚，但自然也是希望膝下有儿有女'品种齐全'。"他除了担心她的身体健康以外，还认为多一个孩子要多分散一些精力去抚养，他要把身心放在工作上。因此，他劝彭洁清说："我们有了三个可爱的女儿，不必再要孩子了，趁我们还年富力强，多为祖国做点工作吧。"

姚桐斌就是这样一个执着又认真的人，一个愿为祖国奉献一切的人。

姚桐斌从芬兰回来，没告诉彭洁清。

一天，她听到有人用钥匙开门的声音，她躺在床上大声喊道："谁？"

一个熟悉又亲切的声音响起："是我呀！"

她什么都顾不上了，跳下床，赤着脚，飞快跑去开门。

"是你回来啦！为什么事先没告诉我？你是否想要给我一个惊喜？哎呀，我真高兴！"

进卧室后，她才告诉他，她已不幸流产。

"只要把身体养好，我就放心，其他都无关紧要。"

彭洁清只要见到他就开心无比，再加上他说这么体贴的话，她已经什么话都说不出来了，只是把脸埋进他的怀里，让他身上的热气，温暖她的心房。

接着，姚桐斌开始忙碌，起草的《关于五院一分院材料工艺研究所的方向问题》中，提出了人人关心的问题："六所往何处去"，这个问题，也就是在问维持现状还是继续发展？究竟是局限于管好一分院的事，还是全面服务于整个五院乃至全国导弹火箭的研究工作？

关于这些问题，出现了不同的声音。归纳后，最后提出四种解决方案，并对每一种方案进行了详细分析和比对。

但姚桐斌仍然按"做到今天，准备明天，想到后天"的思想来规划材料研究工作的未来。

二十一

到 1964 年，姚桐斌回国整整七年了。

这一年，姚桐斌四十二岁，正值年富力强，正鼓足干劲，带领研究所的人们向着规划好的目标继续攀登。

这一年有着良好的开端。

一月底，一分院在 109 房间召开了五百余人的现场会。

109 房间原来存放着两个研究室的许多大型设备，环境脏乱差。想不到，经过职工们认真整治，面貌焕然一新，达到了聂帅关于文明生产要创造一个"安安静静，干干净净"环境的要求，因此成为了全院的学习典型。

不料，两个月后，分院又一次召开现场会。但这个现场会却没能给研究所增光添彩，而是抹黑了。因为 3 月 18 日所里科研楼的楼道垃圾间发生了火灾。

这震惊了全院。

第二天上午，分院领导带领各部门大大小小二百多位负责人在所里召开现场会。

这是姚桐斌担任所领导以来，第二次遇上这种倒霉事。上一次是 1963 年 5 月，因工作人员违反操作规程发生火灾，那位工人烧伤了左手……

姚桐斌一再强调，由于研究性质和工作环境要求，科研人员必须高度重视防火要求，否则一旦"引火烧身"，后果不堪设想。他一直教育大家要警钟长鸣，时时刻刻注意防火。

就这样，火灾还是发生了。

这似乎预示着什么？

姚桐斌可什么都没想，他也没闲工夫去想。他只是不明白，再三强调注意防火，火情还是发生了。不是发生在实验室，而是楼道垃圾间。

当天晚上，他参加了所里的党委会，和大家一起分析了火灾事故的原因，统一了思想，制定了措施，并按照分院领导的要求，举办了一次"火情展览会"。

这"火情展览会"又一次向全所拉响了安全警钟。

忙完这些，姚桐斌又继续开展他的业务领导工作。

这年五月，中程导弹正式开始研制。

姚桐斌担任这个型号导弹的总冶金师。

而他们研究所担负了二十余项研究任务，包括钎焊料和钎焊工艺，箱体和发动机选材所需的性能测试等。

让人意想不到的是，在这个型号导弹的研制过程中，多台发动机连续发生了报废事故。

试验场所的气氛骤然紧张了起来。

各部门分头查找各自的原因，看看问题出在了哪里。

经分析确认，事故原因与钎焊合金有关。

这一情况又一次震惊了全所科研人员。

当然，也震惊了姚桐斌。

自钎焊合金研制成功后，还是第一次遭遇这么严重的挫折。

姚桐斌迅速带领科研人员去上海基地进行相关试验。

攻关的那段日子，大家过得很不易。为了生产钎焊合金，科研人员可以说是历经千辛万苦，每次从北京赶往上海基地，都是自己背着几千克原材料去，生产完成后又背着回来。这一过程，就像一个母亲十月怀胎，其中的酸甜苦辣只有自己清楚。

特别是姚桐斌，他原本可在特灶就餐，但他不去，坚持和大家一起到职工食堂排队买饭吃。白天，他穿上工作服跟班生产，像普通工人一样蹲在车间的地上，与熔炼工人一起讨论工艺方法；晚上，还要组织科研人员研究试验方案，一点也看不出他是个啃过洋面包回来的科学家。

南方的高温让人很难受。尤其是从招待所到工厂那段路有些远，每天都要挤公共汽车上下班。按照姚桐斌的待遇，可享用专车，但他想着为国家能省一点是省一点，便每天和大家一起挤公交车，来回都是一身汗。

有一次下班晚了，公交车停开了。秘书建议租一辆小轿车回去，一打听，费用挺高。姚桐斌马上说："算了，我们还是租一辆三轮摩托吧。"

更让当事人回忆起来就感动不已的是，有一次加班比任何一次都要晚，姚桐斌眼看着离天亮没几个小时了，索性建议大家就在车站的候车室里将就一夜……

但就是这么辛辛苦苦搞出来的产品，居然出了问题。这让所有人，包括姚桐斌都很难过，也想不通。

"想不通，就从头查起。"

上级的指示马上就到了："你们是专家，要尽快研究出办法，彻底解决问题。"

这使得姚桐斌心里比谁都着急，这也是他为什么立即带领有关技术人员赶赴上海的原因。

一道工序一道工序，甚至一个部件一个部件地查找原因。

最后得出了结论，是合金中的某种杂质含量过高。

问题的根源找到了。

姚桐斌决定马上采取措施，提出八大需要解决的问题……

又同上海钢铁研究所的技术人员一起改进了熔炼工艺，保证了合金纯度。

姚桐斌还提出加入某种元素，提高合金质量。

经过试验，效果出奇得好。

接着，他和同事们一起，制定出合金的评级标准，让产品的质量有了确定性依据和保证。

同时，姚桐斌又派科研人员前往另一家工厂，让他们与厂里的技术人员一起，抓文明生产，使原材料的生产走上了正轨，大大提高了原材料的纯度，使其达到熔炼要求。

经过一个月的紧张试验，在上海研究基地相关部门的协助下，姚桐斌和技术人员终于彻底解决了钎焊合金存在的问题，为新型导弹的研制赢得了时间。

这让压在姚桐斌心头的一块巨石落地了，他松了一大口气。他仰望天空，云层很低，又像要下雨，他随口吟诵了一句谚语："四时皆是夏，一雨便成秋"。

结果没想到，无意中说的一句话，竟一语成谶了。

其实，这个时候，对他的"资产阶级科研路线"的批判，已经从揭发到定性阶段了。一心扑在试验工作中的他，还接到所里的通知，要他回研究所接受批判。所里那个负责人甚至动员和姚桐斌一起搞科研项目的工程师们也要和姚桐斌划清界限。

好在姚桐斌不是个脆弱的人，批判归批判，他心里的信念没有动摇，那就是钎焊合金的科研任务不能停止。

当时，他建议买一点国外的样品做比较实验。

说真的，这事要放到现在，十分合乎情理，有可能为了省事，还会直接去国外进口钎焊合金。但那个年代，姚桐斌的建议竟被当成"洋奴哲学"打了回来。就是后来被国家授予奖状的高温钎焊合金，该研究工作在当时也被打成"资产阶级科研道路"的反面典型。

也就是说，姚桐斌在上海攻关钎焊合金的时候，两条路线的斗争已经开始，他也无奈地被卷入这个旋涡中。

1964 年 8 月，姚桐斌家又添了一口人。

这次怀孕，彭洁清妊娠反应厉害。她说是上次小产身体没完全恢复又怀孕的缘故。

彭洁清知道有喜，很兴奋，她十分渴望生一个男孩。她总问姚桐斌："这次会不会是个男孩？"

姚桐斌的回答非常妙："你永远会得到你所希望得到的。"

彭洁清明明知道，这是一句戏言，可她就是相信他的话，让她惴惴不安的心有了安放的地方，也平静了不少。她还认为，他的话有一定的道理，她一直祈祷能有一位如意的郎君，不是如愿以偿了吗？而且随着时间的推移，他们的爱情越来越深，欢乐也越来越多。

灾荒过去后，食品供应状况在好转。彭洁清放开肚子吃，结果，胎儿吸收过多的营养，分娩时让她吃了大苦头。

她一心盼望是个儿子，可护士又笑嘻嘻地向她祝贺道："恭喜你生了一个 8 斤 7 两的胖闺女。"

精疲力竭的她，恍如当头一棒。

护士见她不悦，便问："为什么不高兴？是你爱人不喜欢闺女？"

"不，是我想要一个男孩。"

这时，姚桐斌手捧鲜花兴冲冲地跑进医院病房。

她有气无力地说："真倒霉，又是个女孩。"

姚桐斌安慰她说："女孩有什么不好？俗话说，一个女儿一千金嘛！我已见过她了，胖乎乎的，很可爱。她是这几天出生最重的婴儿，大家都在议论，这样苗条的妈妈，怎么生这么大的娃娃。"

见她还不开心，他又接着说："外宾参观时，护士总是抱出我们的女儿，把她举得高高的，以便人家在玻璃外看得更清楚，可见我们这个宝贝女儿是多么可爱呀！"

"什么可爱，还不是因为她胖得像一个罗汉一样才抱出来让外宾参观。"

"既然如此，我们就叫她小罗汉好不好？"

从此，全家人都叫她小罗汉。

　　若按当下人的眼光，姚桐斌就是个暖男，一个合格的丈夫，一个标准的男子汉。相貌堂堂，身材高大，还会英语、德语，好文艺，爱摄影，有艺术气质，还会疼妻女，特别懂得怜香惜玉。即使一件小事，他也不会让妻子感到尴尬。

　　一次，他们家来了客人，是彭洁清的同事，来庆贺他们又喜得"千金"。阿姨做了菜，姚桐斌特意买了一瓶酒回来。彭洁清觉得自己是女主人，总该做点什么，于是，拿起酒瓶说："我来开，让我来开。"

　　当她打开酒瓶时，洒沫却冒得好高，把她弄得不知所措了。

　　姚桐斌一面替她擦干酒水，一面安慰说："没事，不要紧，没关系。"怜爱之情溢于言表，令她的好友感动不已，也羡慕不已。

　　姚桐斌在家呵护妻女，在单位同样爱护手下的工作人员，也不让他们感到为难。

　　一次，姚桐斌来到一个实验室检查工作，看见科研人员备料做实验。令他感到十分惊讶的是，现场发现了稻草灰，却不明白是做什么用的。

　　"这里怎么会有稻草灰？"

　　当科研人员介绍完它的用途后，姚桐斌非常生气，不客气地说："现在都六十年代了，真空设备都出现了，怎么还用二三十年代的办法生产？即使生产出来，又有什么效果？如果你生产的是铸铁倒还可以，可你们难道不知道，现在生产的是精密合金。你们的'三严'作风都去哪里了？"

看到大家面面相觑，十分为难的样子，他心里有数了。

的确，这并非他们的本意。懂科学的他们，怎么会这么草率、莽撞和无知！他们也是按照某个领导的旨意在做这件事。所以，他们在姚桐斌面前，也是有苦难言。

这时，姚桐斌缓了一下口气说："你们也别为难，就说我姚桐斌说的，这个办法不能用了。"这才为他们解了围，有了个台阶下。

私下里，这些科研工作者，也很担心姚桐斌。所里的那个负责人已经开始动员他们站出来批判姚桐斌了。

姚桐斌在上海做钎焊合金试验的时候，就被"请"回研究所看大字报。"文革"开始，那个负责人发动群众贴姚桐斌的大字报，给他加上"个人主义""成名成家""白专道路""资产阶级反动学术权威"等许多莫须有的罪名。一时间，姚桐斌的大字报铺天盖地。其中有一天达到了200多张。

彭洁清听说后，不禁为他担心。

姚桐斌反劝她不用害怕，说对群众提的意见，有则改之，无则加勉。

姚桐斌还告诉彭洁清，有的人迫于形势，不得不贴他的大字报。知道贴什么内容吗？大字报说，桐斌每次出差，往往挑星期六返回北京，这样他就可以在家休息一天；又说什么桐斌从上海一次就买十几双鞋……

姚桐斌笑着对彭洁清说："这些同志多好啊，既应付了上面，又未给我扣什么帽子。"

9月10日，姚桐斌刚刚过完生日，便被抽调到勘察小组，赴甘肃、陕西、四川和青海为"三线"建设踏勘选址。等他风尘仆仆归来时，袭人的寒风一阵接着一阵，凛冬骤然而至。

虽然姚桐斌在政治上单纯，但他仍然能感觉到席卷全国的风暴，正在一点一点临近，他告诉妻子家里的"东西"该清理清理。

这是姚桐斌去"三线"勘察回来后做的一件家事。

"清理什么？"
"照片、信……都得清理。"

其实，在学校里，彭洁清看见别的老师的情书被学生抄家抄出来，当成"毒草"来批判。那情境让她不寒而栗。

这个星期天，正好保姆放假，他们俩开始了"清理"工作。

清理的第一件东西，就是被彭洁清当成宝贝的一箱书信。

彭洁清一边清理，一边打开书信，看着看着，眼眶就湿润了。

他给她的信里，充满了柔情，有思念，还有幽默；她给他的信则更"精彩"，有时中英文一起上，姚桐斌常常对她说："像是约瑟芬给拿破仑的情书一样。"

彭洁清一遍遍读着这些信，是多么希望他有别的办法，让它们安然无恙。所以，她犹犹豫豫地问："我们真要把它们处理掉？”

"是的。"

"怎么处理？"

"烧掉。"

"……"

彭洁清仿佛搂抱自己的娃娃一样，将它们紧紧搂抱在怀里，十分不舍。

姚桐斌劝道："我们还是烧掉吧，何必让别人看我们的私房话。"

她是懂这些道理的，可还是舍不得。

"桐斌，它见证了我们的爱情啊。"

她说着说着，眼泪快出来了。

姚桐斌把她搂进怀里，说："以后的日子还长着呢，等这个运动过去后，我一天给你写一封信好不好？"

她点点头，相信了他的话，只好将它们烧掉。

彭洁清说："回想起来，我好后悔啊！"

那一天，还烧掉了许多照片。

姚桐斌爱摄影，不但照得好，还自己冲洗照片。

彭洁清不爱照相。但凡有时间，他总是软磨硬泡地要为她们照相。然后，把卧室改成临时暗室来冲洗照片。这时，彭洁清就和他躲在暗室里，她紧紧地依偎在他身旁。她闻着他身上男子汉的气息，好享受这一时光。

"你不是不喜欢照相吗？怎么对冲洗这样热心？"

她俏皮道："哈，本人自有理由，不告诉你。"

他们家保存了很多照片，记录了姚桐斌和彭洁清相爱以后甜美的幸福生活，每一张都是绝版，是多好的纪念物啊！

可他们不敢留。

彭洁清的学校里举办过一个"黄色照片展览会"，内容是一派红卫兵将另一派红卫兵的一个"黑帮"女儿的一些照片拿出来展示。所谓的"黄色照片"实际是艺术照，其中一张仅仅因为是斜侧着照的，和端端正正照的不太一样，也被纳入"黄色照片"之列。

彭洁清看过后，又被吓得不轻。

所以，他们把两人的合照统统付之一炬。

多年后，彭洁清写完了《航天情》这本书后，但却未找到她和姚桐斌在"文革"前的合影。

彭洁清为此抱憾终生。

还有从国外带回的几双高跟鞋，彭洁清回国后一直没穿过，是全新的，现在也成了棘手的问题。总不能将它们用火烧吧？思来想去，只好让姚桐斌骑车送到外面，找个垃圾箱扔掉。他出门时，彭洁清不忘叮嘱他：

"尽量走远一点，一个垃圾箱丢一只。"

姚桐斌带着高跟鞋出门时，彭洁清把自己的长筒尼龙丝袜也找出来全部烧掉。看到那些袜子变成一堆灰，她无比心疼，说不出来是什么滋味。这些生活用品，都是用他们在国外时挣的血汗钱买的。但这个理找谁说去？

他们家还有一只箱子，放着两人的重要证书和一些从国外带回来的珍贵唱片。

不清理不知道，一清理果然把彭洁清吓出一身冷汗。

她从箱底找出姚桐斌的一张证书，上面有民国时期的国旗和国民党党旗，还有教育部长的印章。

其实，这只是一张姚桐斌的大学毕业证书。

但这要是落到抄家人的手里，不是会变成一大罪状吗？

她二话不说，连看都不再细看，更顾不上问他一声，就自作主张立刻拿去烧掉了。

那些唱片呢？却成了他们头痛的事情。不管她怎样往地上摔，都摔不破。那一张张唱片，都是姚桐斌痴迷的古典音乐。当时，古典音乐被斥为封、资、修的东西；彭洁清喜爱的轻音乐，则是靡靡之音。

姚桐斌看彭洁清这么费劲，就说："放在那里，等红卫兵来时上交吧。"

第二天早上，彭洁清又一早赶去学校上班，家真的被抄了。

一进家门，他们就把花盆、金鱼缸砸个稀巴烂。地毯被卷走。尽管那是公家给配的，但那也是资产阶级生活方式，不能用。

姚桐斌那几柜子书籍，也未幸免于难。他们乱翻乱撕，看不懂洋文，便只顾撕。撕了一地，撕得不耐烦了，才扬长而去。

后来，邻居还为他们庆幸，说这些红卫兵还算文明了，既没罚跪，也没打人……

那段时间，姚桐斌作了一次认认真真的反思。

回国这些年来，他始终以老党员的标准严格要求自己，与共产党保持一致。正如他说的那样："我从国外回来后的第一件大事就是补习政治。"担任所长后，每天虽然忙得不可开交，但他仍然抓紧一切时间进行政治学习，还写了一本厚厚的理论学习札记，各种毛主席的著作上到处可以看到他写下的学习心得。

姚桐斌不仅自己学习，还鼓励彭洁清也努力学习。

自从回国后，彭洁清一直把丈夫放在首位，始终如一。虽然结婚多年，她和桐斌在一起时，仍像初恋时一样，心里激荡着缠绵的情意。又因为他们俩工作不同，两人不能天天见面，这也让她感到苦不堪言。

一次，彭洁清在家养病，姚桐斌送给她一套《毛泽东选集》作为春节礼物。给人感觉一点也不浪漫，但彭洁清知道姚桐斌的良苦用心。他希望她能认真阅读，提高思想觉悟，适应国内环境。

一开始，她为了取悦姚桐斌，就阅读起来。

后来，彭洁清还真的读进去了。她说："毛主席的文章写得漂亮，文字通俗易懂，逻辑严谨，说服力强。尤其是那篇《纪念白求恩》的文章，使我感受极深。"

白求恩是加拿大人，尚且能帮助中国，她觉得自己是真正的炎黄子孙，回国参加建设，应该加倍努力工作。

当彭洁清在学习小组中谈出自己的学习心得，学校的领导得知后，便让她在全校教职员工"毛选讲用"大会上发言。

回国后，彭洁清虽然从事教学工作，天天站在讲台上讲课，但要她面对全校同事作"毛选讲用"时，她心中难免紧张。

不过，在关键时刻，她想起姚桐斌说过的话："做报告时，吐字要清楚，讲话速度要慢，每句停顿一下。"就这样，她稳定了一下紧张的情绪，将自己学习《纪念白求恩》这篇文章的心得分享给了大家。

她说："我虽然人在学校，但心总在家中。天天惦记着爱人和幼女。白求恩不是也有亲人吗？他怎么就能为革命事业放弃祖国舒适的生活及温暖的家庭呢？和白求恩对比，我感到惭愧。我一定要学习白求恩那种毫不利己、专门利人的精神……"

彭洁清的报告，因为将心中所想如实地向同事们讲述，深得好评。

回家后，彭洁清将这一情况告诉了姚桐斌，他也很为她高兴，鼓励她以白求恩为榜样继续努力。

姚桐斌既是彭洁清的爱侣，也是良师益友，她知道他对祖国的热爱、对党的忠诚从来不曾动摇过，是坚贞不渝的。

那个负责人动员所里的同志们要擦亮眼睛时，有人讲出了对姚桐斌不利的话。

"他是党员吗？"

"组织上入了党，思想上不一定入党。"

真是无奇不有。

他们居然还到姚桐斌入党介绍人的单位调查姚桐斌的入党情况。

两位介绍人都说："不错，是我们介绍他入的党，他绝对不是什么假党员。"

"你们是根据什么介绍他在国外入党？"

"这是一个中央文件的决定。"

"什么文件？"

"这是组织上的机密，我们不能讲，你们也无权过问。"

那几个想把姚桐斌打成假党员的人，没有得逞，只好灰溜溜地走了。

总之，姚桐斌在政治上光明磊落，胸怀坦荡，为党和人民的事业积极工作，奉献了自己短暂又辉煌的一生。

二十二

1965 年起，设计开始革命化。

5 月 8 日，分院传达了毛泽东等中央领导关于设计革命化的指示，随后，材料工艺研究所开会布置此项运动。从此设计革命化运动在所内全面铺开。

在一本资料上有这样一段话："这场运动原本是贯彻党中央的指示精神，教育科研人员从设计思想、设计方法上克服教条主义、本本主义，消除设计上片面追求高标准和贪大求洋的做法，克服设计中存在的脱离群众、脱离实际和华而不实等问题。可由于当时对党中央精神的理解出现了严重偏差……"

最先，那个负责人主持召开研究所党委会议，对姚桐斌进行批判，采取车轮战术，事先组织几个人在会上发言，这次批判会长达十多个小时。

做研究工作，本应具备一定的条件，"工欲善其事，必先利其器"，材料及工艺研究所建成后，经上级批准，姚桐斌从国外购置了一些精良的设备。

那个负责人调到研究所后，对此事表示不满，认为去国外购置设备是贪大、求洋、求全。他说："不去国外购买高、精、尖的仪器，同样可以搞科研嘛！"他还举着手里的水杯说："我这个茶杯用了多年，还不是照样能用吗？"

在那个负责人的主持下，实验室里出现稻草灰一点也不奇怪了。

材料及工艺研究所许多用外汇购置的设备，被当作处理品卖掉了，有的低价卖给其他单位，有的设备从地基上像一棵大树一样连根拔起，扔在一边，任凭风吹日晒雨淋，成为一堆废品。

深秋了，瑟瑟秋风裹着秋雨，一片片落叶，在半空中打着旋儿，是一种极其凄美的景象。

站在办公室窗前，姚桐斌心里有东西在翻腾，却有着说不出的滋味。其实，他是盯着楼外那些堆积在一起的、因项目被砍掉而废弃的设备，被雨水浇过后，流淌出发黄的锈水。

这让他感到万分痛心，如同剜自己身上的肉一样，心在滴血。

他痛苦地闭上眼睛……

即使这样，为了澄清预研课题立项中的真实情况，本着对党和人民负责的实事求是的态度，姚桐斌开始对预研项目进行了为期三天的大清理。

他找出了大量课题材料，一项一项、一遍一遍地对照，把每项课题立项的原因和结果查得清清楚楚。然后在所里的干部会上，把这些课题立项的原因是什么，准备应用到哪个型号上；哪项课题的目的是什么，应用前景如何；对某个课题，聂帅有什么指示，钱学森提出了什么要求等，姚桐斌都一五一十地说了一遍。

但姚桐斌搞的预研课题，还是被那个负责人生生地砍掉，他认为姚桐斌是浪费金钱，是学院式的研究，走的是资产阶级的科研道路。

那个负责人指示下面的人说："人家让你干的，你就干；没让你干的，不要预先干。"

现在看来，是那个负责人自己搞错了。

就在他讲过上面的话不久后，某火箭型号的设计发生了变动，要求用一些不同的材料。

此时，姚桐斌已经挨斗了。

挨斗之前，姚桐斌已经下到工厂参加"四清"运动。

下去的前一天晚上，彭洁清看姚桐斌收拾行李，还以为他又要出差了，便问："你这是干什么，又要出差吗？"

"不完全是，我将要随工作队去七机部下属工厂搞'四清'"。

彭洁清不明白地问："你一个管技术的所长去搞什么'四清'？不是还有书记、副书记吗？还有管行政的副所长吗？"

"你怎么这么多话啊！我能有机会参加一下'四清'，锻炼一下又有什么不好？我们回国后，还没参加过重大的政治运动呢！"

她觉得姚桐斌的话有道理，让她无言以对。但她很黏姚桐斌，最怕看不见他。

彭洁清问："你们去的工厂不会太远吧？能每天回家吗？你什么时候走？"

姚桐斌说："我们明天先集中学习文件，然后下厂。工作队有纪律，除了节假日，不许回家。"

彭洁清说："又不是打仗，干嘛搞得这么紧张？"

姚桐斌没理她，只顾继续收拾东西……

姚桐斌离开单位，到工厂参加"四清"工作差不多一年时间。

他把行李搬到职工宿舍，与工人们同吃、同住、同劳动，还结识了不少工人朋友。

虽然工厂离家不远，但他很少回家。偶尔请假回家，也是为了取生活用品。

有一天，当姚桐斌风尘仆仆从工厂回到所里时，他被批判了。给他戴了许多顶帽子，比如"个人主义""成名成家""白专道路""资产阶级反动学术权威""黑人""黑科技"……还有人暗中策划，用一些莫须有的罪名批判他，比如"姚桐斌有历史问题""姚桐斌有特务嫌疑""姚桐斌是假党员"等等。以上这些完全可以把一个活人压趴下，甚至打倒在地，不得翻身！

177

但姚桐斌不仅没有趴下，竟能坦然面对。他看着这种急转直下的态势，把铺天盖地的白纸黑字一张不落、认认真真地读了一遍，然后诚恳地说："对群众提的意见，咱们应该有则改之，无则加勉。"

后来，"文化大革命"的浪潮更加迅猛起来，那个本来神秘的搞尖端科研的地方，已经失去了往日的平静。各级领导机构陷入了瘫痪状态，科研生产的秩序也出现了混乱。

有一天，那个负责人召集工程师开会，拿出一张单子，照本宣科地读了一大串所需要的航天材料名称，大家一听都"乐"了起来。

"这些材料不都是被砍掉的项目中的吗？"

"当时砍掉这些项目是对的，现在提出需要这些材料也是对的。"

他都是对的，没有一点错。

大家都沉默了。

一个不懂科研的门外汉，还主持领导科研工作，做出的决定让人啼笑皆非。他不明白研究一项航天材料，需要付出多少时间、多少精力，以及需要组织者的学识、远见和才能，不然休想搞成！

就是在自己挨斗的情势下，姚桐斌仍然没放弃搞科研。

火箭点火发射时，主要靠燃料推进剂，所以在燃料燃烧的过程中，会产生 3000 度左右的高温。

什么材料经得住这么高的温度？

在这样的高温下，很容易烧坏零部件，还会引起事故。

姚桐斌想，如果有一种材料，能用其本身的分解和汽化来吸收大量的热，从而降低火箭结构的温度，那就太好了。

于是，他设立了一个"发汗材料"的科研课题。

"发汗材料"，与人体出汗可使体温降低是一个道理。

那个负责人知道后，将此课题否定了，不许他们搞，还嘲笑这是一项"胡子课题"。意思是这项研究搞不出来的，等研究人员变成了白胡子老爷爷，也不一定能搞成功。

但姚桐斌坚信自己的主张，坚信这个团队，带着他们偷偷地做起这个"胡子课题"。

不知道他们经历了多少次失败，遇到过多少坎坷，闯过了多少难关，总之，他们成功了！

当我国第一枚火箭上天时，这种发汗材料和工艺将火箭发射时几千摄氏度的高温降到了 100 摄氏度左右，同时还提高了比推力，使火箭增加射程。而且，难能可贵的是，花费也不是太高。

假如不做这项预先研究，发动机试车时哪怕发生一次事故，国家的经费损失就会高达百万之多。而当时，工程师的一月工资也只有六十余元。

就是这个被人嘲笑为"胡子课题"的发汗材料，后来荣获了国家发明二等奖。这也是对无知和嘲笑最有力的回应。

这个时候，那个负责人还是心有不甘，又上书领导，说研究所存在两个阶级、两条路线的斗争。

领导不同意他这样上纲上线。领导明确指出，他和姚桐斌同志的分歧只不过是工作上的不同意见。

那个负责人却坚持己见。

有位领导同志发火了，说："我就是不承认你们是阶级斗争、路线斗争。如果是，那就是说你是一条路线，姚桐斌是另一条路线。这样的提法不对。不信的话，过三十年再看。"

弹指一挥间，几十年过去了，答案是明确的。但姚桐斌的生命早已定格在那个血色浸染的下午，他没能看见预言成真的时刻。

当时，那个负责人盯住姚桐斌就是不放手。

又有一位领导站出来说，"你们这样批判姚桐斌，一批就是十多个小时，把人家整得精疲力竭，研究所的科研工作谁来抓？"

那个负责人还是不服，想越级上告，非要把姚桐斌整垮不可。

当时正是火箭研制的关键时刻，工作上真的离不开姚桐斌，上级领导尽力保护姚桐斌，他的图谋才没得逞。

假如单位里少些像那个负责人那样整人的人，单位的工作环境是否会安定、和谐许多？人与人之间是否会更加团结和友爱？

在这里，也能看出，当时的领导们对那个负责人的做法是很不满意的。许多年后，其中有一位领导接受《人民日报》记者的采访，谈到姚桐斌时，是这样评价的，"姚桐斌同志的一生，可以用四个字来概括，无私奉献！他即使在受到不公平批判、受委屈时，也不闹情绪，照样满腔热情地投入到工作中。这体现了他高尚的情操。他在国外有地位、有名誉，但选择加入了中国共产党，并回到祖国，参加建设，难得啊！"

他还说："姚桐斌同志为我国航天材料及工艺打下了基础，他被追授'两弹一星功勋奖章'是当之无愧的。"

还有一件事不得不提。

是 1964 年发生的。

那个负责人并未对姚桐斌就此收手，还在全所大会上，抓住姚桐斌一件小事，大张旗鼓地做文章。

所里有一位工程师翻译了一本书。

经几位所领导商量后，请姚桐斌审校。

姚桐斌便把这件事当作一项任务来完成，利用晚上和节假日的休息时间，认认真真、逐字逐句地校了一遍。

彭洁清记得他们去青岛休假时，姚桐斌还带着这份书稿，没日没夜地审阅，将她冷落一旁，总是她带着孩子出去玩，气得她还和他"吵"了一架。

姚桐斌一再和彭洁清解释这项工作并不轻松，比自己翻译还费劲、费时间。他要她多多体谅。

这本书出版后，出版社给了作者稿费。姚桐斌分到 75 元的审稿费。

那个负责人得知这一件事后，如获至宝，在大会上含沙射影地说："有的所领导是为了稿费才布置那位工程师翻译那本书的，是追求个人名利……"

这些在单位上发生的事，姚桐斌回家后是只字不提的。一是他组织纪律性强，不会在家谈论工作上的事；再就是他了解彭洁清的脾气，倘若知道他在外如此受气，她是不会甘心忍下去的。

还好彭洁清不知道，不然可能又一把柄落人手里了，有可能会说姚桐斌泄密，将党内事务告诉自己的老婆。若是这个"炮弹"打出来，姚桐斌又多了一重"罪"。

还好，彭洁清什么都不知道。

但就是知道，她又能如何？总不会冲进姚桐斌单位找那个人干一架吧？

彭洁清虽然是"炮筒子"个性，但孰轻孰重她是拎得清的。

后来，到了 20 世纪 80 年代，当那个负责人退休后，彭洁清才有所耳闻。

当彭洁清知道姚桐斌生前受到的种种折磨的情况后，心里还是十分痛苦。彭洁清太了解自己的爱人了，如果像那个负责人所说的那样追求名利，他何必回国？他在国外既有地位，又有高薪，仅仅75元人民币，如果他在国外，这点钱在他的薪水中能占多大的比例？再说，姚桐斌所投入的精力和时间，是区区75元能补偿的吗？

好在，当时那个领导批判姚桐斌时，所里的其他领导没有"捧场"，这件事暂时平静了下来。

时间又过了两年。

神州大地上出现了随处可见的一道"风景线"，"装扮"了大街小巷。

那个负责人又一次大张旗鼓地行动起来，将旧事重提，布置人张贴姚桐斌的大字报。那些铺天盖地的白纸黑字，写满了他从未有过的追逐个人名利的一条条"罪状"。

对此，姚桐斌不得不应对了，便给研究所的一位副所长写了一封长信，澄清此事，并退还了75元审稿费。

直到姚桐斌被害后，研究所才把姚桐斌的信和75元钱交予彭洁清。

没想到，这封信竟成了彭洁清仅存的一封姚桐斌的手书。他俩之间其他的书信全部被"清理"归零了，烧得一封不剩了。每当彭洁清思念姚桐斌时，她便忍不住拿出这封信，看看那熟悉的笔迹，此刻她才真正懂得什么叫"见字如见人"。

　　每次彭洁清都希望从信的字里行间寻找到一丝安慰。她也知道，这不过是自欺欺人罢了，因为她把信一展开，眼睛会情不自禁湿润起来，无以名状的悲伤和气愤，如潮水一般向她汹涌袭来……

　　现将姚桐斌给一位副所长的信全文抄录。

　　刘副所长：

　　六二年，五室一组同志由于工作需要，请丁工程师翻译了一本《高温短时试验》的书。翻译完后，科技处徐同志根据五室同志的要求，嘱我作文字和技术校对。由于丁工程师翻译错误较多，我利用了几十个晚上的时间和去青岛疗养的一部分时间，作为一项任务，完成了校对工作。当时，对丁工程师和参与这件出版工作的同志来说，大家并没有把赚取稿费作为目的。当时党委主要成员如叶副政委都知道这件事，而且表示同意。五室同志和科技处资料室同志也知道这件事。

　　六三年，该书由分院资料处交国防出版社出版。有一天，刘秘书送给我七十五元钱。据他说，这款项是出版社稿酬的一部分，是经你和几位同志开会研究后决定的分配原则。对于是否接受这份稿酬，我曾犹豫很久，后来因考虑到出版这本书本身是正当的，同时听说丁工程师不愿一人得稿酬，而稿酬又无法退还给出版社，我也就收下了这笔钱。

六四年及六五年初，所内某些领导同志曾不止一次地因这件事在大会小会上对丁工程师及我本人提出了批评，甚至认为这书是我为了获取稿酬有意布置丁工程师翻译的，我曾为这事感到非常痛心和遗憾。

"文化大革命"以来，所内少数同志对这件事也提出了批评意见，我经过再三考虑，始终认为翻译出版这本书系出于群众的要求和五室工作的需要，是正当的。但是我作为所的领导同志，即使付出了劳动，是不应该接受稿酬的。此事已在有些群众中造成不良影响，在某些所领导中产生了误解，对我来说是一个极其沉痛的教训。

因为分配稿酬的事是你主持开会决定的，这里我将七十五元全部退还给你。至于此款怎么处理，请你和有关同志裁酌决定，但请千万不要退回给我。

此致

敬礼!

姚桐斌（签字）

1966 年 8 月 3 日

写这封信时，距姚桐斌离开这个世界还有不到两年的时间，他的生命正在不易察觉中进入倒计时。

值得庆幸的是，国防科研生产虽然受到干扰，但在周恩来等党和国家领导人的直接关照下，仍在艰难地往前走，并取得了一些可喜的成果：

1966 年 7 月，完成了中程导弹设计方案；

1966 年 8 月 — 9 月，东风二号甲导弹鉴定性飞行试验多次成功，转入批次生产；

1966 年 10 月，东风二号甲导弹在中国本土进行了导弹核武器试验，一举打破了超级大国的核垄断和核讹诈，提高了中国的国际地位，让西方国家关于中国"有弹无枪"的论调不攻自破；

1966 年 12 月 26 日，毛泽东诞辰 73 周年的这一天，姚桐斌任总冶金师，中国新研制的中程导弹首次试飞成功，导弹中采用了一系列新技术、新材料、新工艺。并首次应用了材料及工艺研究所的钎焊和化铣等技术成果。

姚桐斌得知这些喜讯，脸上露出了微笑。

久违了，笑容！

人们已经有一年多没看见他脸上的笑容了。

二十三

在南郊，万源路 35 栋楼，被人们称为"校官楼"。

这栋楼里，住户都是研究级别的干部和专家。

姚桐斌从海军医院附近临时住所搬出后，一直住在这栋楼三层的一套房子里，直到他遇害身亡。

彭洁清说："我以为我们会在这套房子里白头偕老，没想到，桐斌正当盛年却被撒旦夺去了生命……"

也在这栋房子里，他还许诺给彭洁清，"等'文革'结束后，我向组织申请，去三线工作。到那里，我们一家人便可天天在一起，不用一个星期见一面了……"

这是他对她的许诺，彭洁清总是盼望这一天能早点到来……

这个家宽敞温馨、窗明几净，地毯、桌椅看不见浮灰。

进门是一个很大的客厅，洁白的窗帘，把房子照得更加洁净明亮，衬托出窗外花池里的美人蕉、室内的吊兰和橡树更加生机勃勃。客厅的一面墙上的多宝格里摆满了从世界各地带回来的纪念品，丰富又多彩，另一面墙上挂着一幅西德亚琛大学校园风景画，这是姚桐斌的作品，他从小就喜欢画画，上小学时还得过奖，显露了天赋，老师鼓励他长大当一名画家。客厅中央，是少见的落地式音响，美妙的中外古典音乐不时流淌出来，无不折射出主人不凡的艺术修养和高雅的情趣。背靠窗的地方，放着一个长沙发，闲暇时姚桐斌喜欢坐在这里看书读报。

家里来了客人，主人会示意他们在沙发上落座。他们大多是研究所里的工程师和技术人员，不论是谈心还是交代工作，都在客厅里进行。

而女主人泡好茶后，会主动退出，到别的房间去，同时还会带走孩子，叮嘱她们小声说话，不要吵到客厅里的爸爸和客人。

女主人十分敬重婆婆。

有一年，她从无锡黄土塘老家来他们家小住一段时间。她是小脚，走不了长路，也就不喜欢游览名胜古迹，说不如在家抱孙女。正是困难时期，媳妇想尽办法弄到一些糕点孝敬老人家。可她一口都舍不得吃，全给孙女了。

有一次，婆婆心血来潮，要看他俩跳舞。

媳妇看着自己的男人，用视线征询道：可以吗？

他高兴地说，"当然！"

他转向老人家说："妈妈，我和洁清给您来一场表演，好吗？"

于是，他们去卧室翻出压在箱底，回国后从来没穿过的"礼服"。那是一件白衬衣和海蓝色的太阳裙。她一直像宝贝般珍藏着，这可是他们第一次认识时穿过的节日盛装，又是他们定情的见证物啊！

当她从房间走出来时，男主人已经将桌椅推向一边。唱机里正响起他们初次相见的定情舞曲——《蓝色多瑙河》。

他看见她登场时，眼睛一亮，微微躬身，说道："我可以请你跳舞吗？"

她用手将太阳裙向两边拉开，甜甜一笑，答道："当然可以，先生。"

他们随着乐曲，翩翩起舞，如同初见一样激动、欣喜。

这是一场隆重的家庭舞会。

是第一次，也是最后一次。

老母亲乐得合不拢嘴。

当时他们只有一个孩子，她虽小，却有感知了。她像生活在童话的乐园里那样，又像木偶似的摇摇晃晃地穿过来穿过去，眼睛笑成一条缝。

无论从哪个角度观察，你都可感受到这个家处处弥漫着爱的因子，活跃着有质量又快乐的细胞，是一个令人十分羡慕的、幸福文明的小家庭。

婆婆对这个媳妇相当满意。常常对着儿子夸她懂事、明理。

而他，夜里，在枕旁，一再谢她对他的妈妈好。

"这是我应该做的。我这样爱你，当然应该孝敬你妈妈。可惜，她老人家来得不是时候，没有什么好吃的……"她说着说着就哽咽了。

"只要有儿孙在膝下承欢，比吃山珍海味还令妈妈高兴。"

他和她用力地相拥在一起，心中激荡起甜蜜的浪花。

想象一下，像他这样"留洋"回来的科学家，除了读书做科研，在生活方面应该是什么样的？

不会是个书呆子吧？

他会做家务、会做饭吗？

生炉子呢？

明确地告诉你，他会。他什么都会。

我亲爱的读者，写出以上文字时，我的手，一直在颤抖；我的心，一直在悸动。我写这部不是传记的传记，是想明确告诉你，他会，他真的什么都会。在这本书即将抵达尾声时，我一直在跟踪，在凝视着我的主人公，希望能从各个角度理解这个人，包括他的优缺点。

不是说，尺有所短，寸有所长吗？

这个人的长，我们已通过一个个故事，一个个细节看到了，那么，他的"短"呢？观其一生，我没看到。

除了他的生命长度过短了一些，我没有看到其他的"短"。

或者看见了，那就是他对人太仁爱、他处世太厚道、他做人太真实。说得再过一点，他太天真、太单纯、太理想主义。

正是如此，他把所有人都想象成了自己。直到他生命的最后一刻，他都坚信古训"人之初，性本善"，而对隐在人性恶的阴影中的恶人，他一生没有防备。在为自己的国家构筑防御侵害的盾牌时，他自己却始终是一个不设防的赤子。

于是，就有了 1968 年 6 月 8 日那个黑色的日子……

他会做家务，还会做几道拿手的硬菜，榨菜炒肉丝、红烧肉、西红柿炒鸡蛋等，都深受妻子和孩子们喜爱。

榨菜炒肉丝，在那个年代，是一道既省钱，又称得上美味，还很下饭的好菜。

他做起红烧肉来，满屋子飘香，能把人的馋虫都勾出来，让妻子和三个女儿吃得满嘴流油，妻子一个劲儿地对他说，"亲爱的，太好吃了！"女儿们则嗲声嗲气地说：" 爸爸，爸爸，好吃，好吃……"

身边围着爱人和女儿们，他心里不知有多满足、多美滋滋。

她总想再给他生个儿子。他说："我们有三个可爱的女儿，不必再要孩子了。趁我们还年富力强，集中精力，多为祖国做点工作吧！"

他没唱高调，是肺腑之言。而且他真是这么想的，也是这么做的。他就是这样一个人，愿为祖国奉献一切。祖国，也为有他这样的优秀儿子感到骄傲和自豪！

他深深地爱着祖国。

他也深深地爱着她们。

妻子彭洁清上班离家远，常常一星期只能回家一次。为了减轻她的负担，让她能多多休息，他尽量多做家务。

有时，家里的炉子灭了，也是他自己动手去生火。

有一次，有位技术员到他家去汇报工作，看见他正在生蜂窝煤炉，惊讶地说："姚所长，你还会生这种炉火呀？"

他笑着说："你觉得这个难吗？我看比科学研究容易多了，关键是掌握它的规律。我掌握了，你看看，一会儿就把它生着了。"

那位技术员感叹："这可比你在国外生活苦多了。"

"苦是苦，但苦中有乐嘛！"

彭洁清从单位回到家中。她会很心疼他，她总说："你歇着，我来吧。"她觉得他太辛苦，单位工作那么忙，自己不能为他分担，心里已过意不去了。家务这些活，该是她做的呀！

他说："我不累，只要听见你在我身边叽叽喳喳说个没完，心里就高兴。我很担心你的身体，你还是把身体先养好吧。"

那段时间，她生了第三个孩子小罗汉后，身体一直没恢复过来。

她为了他，为这个家，也要把身体养好。所以，她拼命地点头。

为她付出多少，他都是愿意的。

为爱辛苦，他觉得值。

后来，三个女儿都在国外定居，她没有跟出去。

有人问她为什么不出去？

她说："桐斌在国内，我不能走，我要留下陪着他。我要走了，他会孤单的。我不能让他感到孤单。"

女儿们很理解自己的母亲，但对此事也很无奈，只能每年找机会回来多陪陪老人家。直至她最后追随她挚爱的丈夫驾鹤西去，都没有离开他曾经热爱并献身的这个国家。

他在三个孩子身上，同样倾注了无差别的父爱。

每个孩子都记得，很小的时候，父亲就教他们刷牙，教她们如何保护牙齿，告诉她们正确刷牙是多么重要。他像讲课一样，拿着小牙刷，边刷牙，边讲解，讲得很细致。

平时，吃完饭后，他又成了监督员，让她们去漱口。叮嘱她们要养成好习惯，才能保护好牙齿。

她们姐妹仨，都有一口好牙，得益于父亲的教导。

从每一个微小的细节，都能看出姚桐斌是个非常规律、非常讲究、非常律己的人。

姚桐斌之所以灵魂有趣，和他一生爱阅读的习惯有关。并且，他也有意识地去培养孩子们的这种习惯。

所以，他爱买书，买过很多书让女儿们阅读，使她们成为与自己一样爱读书的人。

他还教她们写字，手把手地教，从坐的姿势，到握笔的方式，他一招一式、一笔一划地教。其耐心细致的态度不亚于任何一位小学一年级老师。

他还会给她们讲故事，讲安徒生、讲格林、讲中国神话。每次讲故事孩子们都听得津津有味……

大女儿喜欢去他的书房，翻他的书，但那些英文书她看不懂，姚桐斌就用纯正的英语念给她听，并为她翻译成汉语。在父亲这样的熏陶下，孩子们的学业强于常人，是可想而知的事情。

她们三姐妹，都以优异的成绩考上了世界名校，并有了自己的事业，虽然这是后来的事情，但足以告慰为她们倾注了那么多心血的父亲。

只可惜这一切姚桐斌都看不到了。

他离开得太早。那年，大女儿9岁，最小的小罗汉只有3岁，父亲还没抱过小罗汉几次，就永远离开了她……

2001 年，长大的小罗汉带着五岁的儿子和三岁的女儿，从国外回来看望外婆彭洁清时，小罗汉最想让孩子们看的地方是天安门，她希望一对儿女对祖国的标志性建筑有一个印象。

彭洁清问小罗汉："他们这么小能记住吗？"

小罗汉立即回答："能。在我三岁时发生的事情，至今牢记在心。"

因为凡是刻骨铭心的事情，都不应被忘记。

二十四

35 栋楼，经历了 50 多年岁月的打磨，沧桑得有了历史感，但依然敦厚、朴素，保留着那个年代红砖房的特有痕迹。

在这栋楼外，你会觉得它不是一栋房子，而是记录历史的一本厚书，上面的红砖、窗框、瓦片和墙的缝隙，都能让你读出主人公与那段历史的密码。

那一栋楼，都封存起来了，没钥匙，谁也进不去。

不能进去参观一下，寻找一下这房子的主人曾在这里生活的印记，真是令人遗憾。

里面的每套住房，大约 120 平米，三间卧室，一间书房，再加客厅、厨房和卫生间。这在当下人眼里不是什么大房子，但在那个时代却是令人艳羡的大房子。

就是这套房子，给姚桐斌一家留下过许多回忆，更因为住在这套房子里，让他对那些无房者充满了同情。

所以，在短短几年时间里，姚桐斌将房子借出过十几次。

这意味着什么呢？

这意味着他们在这套房子里居住的时间，几乎和别人居住的时间一样长。

他甚至把其中一间屋子专门拿出来，无偿借给有困难的职工住。

这种事，要放在今天很难想象。

对此，姚桐斌的态度是："我身为所长，能眼睁睁地看着大家没地方住吗？"

20世纪五六十年代，全国各地的住房都由单位分配。材料及工艺研究所也不例外。

但房子的数量远远满足不了职工的需求，好些年轻人结婚后不能马上分到房子，还有的因为没房子结不了婚。

1967年春节前夕，有两位科研人员准备结婚，正为没有住房而发愁。

姚桐斌听说此事后，主动找到他们俩，并发出热情邀请，让他们到他家去办喜事。

那两位年轻人哪里好意思接受这份盛情，哪里敢去所长家结婚，便拒绝说："不行，不行，不行……"

"可以的，可以的，就这么说定了，"姚桐斌替他们这么决定了。

举行婚礼的那个晚上，姚桐斌家的客厅、餐厅和书房被前来贺喜的同事们挤满了。

姚桐斌下班一回到家，像新婚夫妻的亲人一样，也忙碌了起来，拿出自家的一大盆糖果，让大家吃喜糖。

此后，这对新人就住在姚桐斌家，度起了让他们终生难忘的蜜月。

让这对新人难忘的还有很多生活的细节。

其中，印象最深刻的就是，姚桐斌总是对他们小两口重复着一句话："你们住在这里，咱们就是一家人了。家里的东西你们随便用，不要客气啊。"

这是一个长辈对小一辈精心的呵护。这也是他担心两位年轻人住在他家太拘束，过得不开心啊！

这让小两口温暖，感动！

他俩心里总是十分过意不去。想说些感激的话，又觉得太生分，只好将这份情谊保存在心里，激励着自己好好工作，不要辜负所长对他们的期望。

一个半月后，小两口终于分到了房子。

要搬出姚所长家了，两人都有些依依不舍。

当他们把水电费和房租交给姚桐斌时，他坚决不收，还十分诚恳地说："你们就应该把这里当成自己的家。"

就这句话，温暖了小两口一辈子。

姚桐斌还把自己的家当成旅店，借给所里的职工住。

1968 年 1 月，姚桐斌生命进入倒计时，余生还有六个月。

当时，一位工人的妻子准备带着孩子来北京探亲，一时却找不到住处，心里很着急，又不知道该怎么办。

姚桐斌听说了这件事，便主动找到那位工人说："听说你爱人要来探亲，所里现在没有空余房。我看，等她来了，你们就到我家住吧。"

那一刻，工人愣住了，简直不敢相信这是姚所长说给自己的话。

他不知是激动，还是别的原因，一下结巴起来，说："姚……姚所长……不，不，不……不……"

这位工人平时很少和姚所长说话，因为他的岗位也没啥要跟所长直接对话的。尽管姚所长为人平和，但在这个时候，他还是难免感到紧张。

这位工人甚至感到纳闷，心想我找不到房子，姚所长怎么就知道了呢？姚所长工作那么忙，我这点小事，他都记挂在心里，这叫人多不好意思啊。

这位工人本想说不行，怎么好意思去打扰所长和他的家人呢？可竟然没说出来。

姚所长又说："没什么不行的，你不要不好意思。"

说完这句话后，姚桐斌转身离开了。

他看着姚桐斌的背影，自己嘟哝说："我怎么好意思呢，那是你们家，我一家住进去，让你们多别扭啊？再说，我还有个孩子，正是闹人的岁数！这，绝对不行的，姚所长，谢谢啦……"

他准备拒绝姚所长的好意。

不料，过了几天，姚桐斌又来找他了，并问："你爱人来了没有？叫我家来吧，我的小孩和保姆挤一挤，已经腾出了一间房，等你们来住呢。"

"姚所长……"他还想拒绝，但话没说完，却被姚桐斌打住了。

"不说了，就这么定了！"

没等人家表态，姚桐斌又先作出了决定，让人无法抗拒。

这叫什么？这叫盛情难却！

这位工人，做人老实憨厚，平时话不多。

听到姚桐斌最后那句果断又坚决的话，心一热，眼圈都红了。

望着姚桐斌离去的背影，他想说句什么，可嘴唇颤动了几下，没说出来，心里倒是有一股一股的暖流往上涌。

他悄悄地问自己："你是哪辈子修来的福气，带着老婆孩子和一个科学家同住一个屋檐下？"

他摇头着，两个嘴角向上弯着，笑了。

他的妻儿到京后，一下车，直接被带到姚桐斌家了。

这一住，就是四个月。

这 120 天的生活，让一个普普通通的工人有了机会近距离和一位著名科学家、研究所所长朝夕相处，也让他亲眼见到了姚桐斌是个什么样的人。

用质朴无华、平易近人、实实在在、表里如一等等词语来形容姚桐斌，似乎都太文绉绉了。那位寄宿在他家的普通工人观察到，下班回家后的姚桐斌，生活习惯良好，家庭气氛文明。他进门时，宝贝小罗汉听见门响，便跑过来给他送拖鞋，奶声奶气地说："爸爸，鞋、鞋。"

"宝贝，谢谢，爸爸洗了手，再抱你。"

姚桐斌回家后第一件事就是洗手洗脸，和宝贝女儿们欢聊几句后，就去书房翻一会儿报纸。吃过饭后，他会转移到卧室看书看资料，一直到很晚才休息。

在家里，姚桐斌完全是个普通得不能再普通的一位家长。他妻子一个星期回家一次，保姆岁数大，几个孩子都还小，家务活他尽量多做。他有一个铁皮箱，里面有钳子、扳手、螺丝刀等工具。家里自行车坏了，他自己修理；孩子们的玩具散架了，他拧巴两下就修好了；还有家里的各种器具出故障，他都是自己动手维修……

家里的保姆告诉这位工人，"姚所长人太好了，我做什么，他吃什么，从不提要求。"

姚桐斌对保姆的要求就是同桌吃饭。

姚桐斌像在单位一样文明礼貌，说话总是轻声细语，对孩子和保姆都用小声说话，从没见过他对什么人、或因什么事大声喊叫过。

哪怕在所里批评一些人，也只是口吻严厉一些，仅此而已。

好像在姚桐斌的字典里，找不到粗暴、喝斥、喧哗等词汇。

这位工人住进姚桐斌家里后，担心两家在一起，会带来生活上的不便，也不想给姚所长家添麻烦，他提出自己做个煤炉，然后再去买些蜂窝煤。

就这一想法，他去征询姚桐斌的意见，希望得到他的支持。

姚桐斌听完他说的话，摇头说："不要了，你的收入也不高。我看这么着，让你爱人和我家保姆商量一下，把两家做饭的时间错开一点，用我家的炉子就好了。"

他听了姚桐斌的提议后，没有另置炊事用具，甚至连烧的煤也是姚家的。

姚桐斌夫妇对这位工人及他的妻儿都很客气、很友好。

这位工人的孩子三岁，和小罗汉一样大，两个孩子玩得也很好。小罗汉经常把他的儿子带进姚桐斌的卧室去玩，这位工人看见后，就很着急，生怕孩子吵闹影响了所长一家人学习和休息，总是把儿子叫出去。

姚桐斌夫妇总是说："没关系，不要管他，让他在这里玩吧。"

每天中午和下午下班时，两个孩子经常跑到楼下接姚桐斌回家。有时，姚桐斌会一只胳膊抱着一个，有时一手牵一个往楼上走，就像他自己的孩子一样。

看到这情景，住在他家的工人夫妇心里不知有多暖和，私下里夫妻俩说："他哪里是所长？他就是我们儿子的亲大伯！"

住一起时间长了，这位工人渐渐融入姚家的生活，真的把这个家当成自己家了。

有一天，工人拿回一些花种子，对姚桐斌说："咱们家阳台还空着，种点花美化美化吧！"

姚桐斌说："好呀！"

这位工人拿来工具，铲松泥土，把花种子一粒一粒撒进松软的土里，又喷上水。没过多久，幼苗真的长大了，还开出紫、粉、红、白的花朵，给单调的生活增添了缤纷的色彩。

平时，彭洁清经常会关心地询问他妻子农村的情况和家里的一些情况，而姚桐斌则喜欢和这位工人聊聊工作上的事情。有一天，俩人谈起试验工作，姚桐斌说："不要轻视重复性工作，当年我在英国工作时连续磨了三年试片。"

四个月后，这位工人的妻子准备回家乡了。

这天，姚桐斌夫妇特地嘱咐保姆做了一桌的菜，为他们送行。

饭桌上，两家人聚在一起，展现出浓浓的人情味，像是一家人团圆。

姚桐斌还特意买来啤酒，让工人的爱人也喝一点，还说啤酒里包含着多种维生素，有液体面包之称，喝了对身体有好处。

那个年代，用啤酒招待客人还是新鲜的方式。因为那时候，大多数中国人还不习惯喝那种洋酒水。

饭后，这位工人全家怀着感激之情告别了姚家。

这一天，是 1968 年 5 月 4 日。

可这位工人做梦都不会想到，不久后，这样一位好所长被人活活打死了……

离开姚家，不到一个月时间，姚所长就出事了！

就在姚桐斌被害的第二天，这位工人听到消息后，两次去看望，都受阻了，被一伙人拦住，不许他靠近，他只能站在离那栋房子 200 米远的地方，向姚所长家窗户眺望。他看见阳台上的那些花还在，紫的、粉的、红的、白的，开得十分艳丽，可花相似，人却不同了，他再也见不到那个和蔼可亲的、像大哥一样的姚所长了……

二十五

1968 年 6 月 5 日、6 日，似乎没发生什么特别大的事情。

而这恰是姚桐斌遇害前的几天。

姚桐斌并不知道，死神已经临近，他还拼命地工作。

一天上午，他带领一室、二室、三室主任及相关人员，赶往七机部五院 501 部参加我国第一颗返回式卫星技术发展和计划工作相关的会议。

就是这次会议，姚桐斌代表研究所不仅把难熔金属、抗氧化涂层和高温隔热衬料等多项研究任务领了回来，还代表研究所上台表决心，要坚决完成上级下达的各项任务。

这一切，看起来都还那么正常。

就在会议结束的当天，姚桐斌又马不停蹄地组织相关人员传达了会议精神，他要趁热打铁，将领受的艰巨任务布置下去。

他再一次表明自己的态度，不论任务多艰巨、环境多糟糕，他都要带领科研人员完成研究任务。

他还不忘给科研人员提出具体的要求和希望。

6月7日清晨，他进行了早请示，面对毛主席像，手捧毛主席语录，高唱革命歌曲。

这一形式结束后，所里有一位领导，悄悄提醒姚桐斌，说："你住的地方不安全，我看还是找个地方躲一躲吧。"

35栋楼正处于两个群众组织联络的敏感地带。姚桐斌知道这些，的确有风险。

但他不以为然，轻描淡写地说："没事。"

是真的"没事"吗？不完全是。可是，作为一所之长，他往哪里躲？不上班吗？手上的工作谁来做？昨天才表了决心，今天就要当逃兵，去躲起来？这完全不符合他做人的基本原则。

再说，他真的不知道该往哪里躲。平常，就是两点一线的生活，办公室到家、家到办公室。如果这两个地方都不安全，那么哪里是安全的地方？

姚桐斌看那位领导欲言又止，很顾虑的样子，又补充说："一个所长怎么能不上班？再说，我们这里是首都，毛主席的眼皮底下，谁敢胡作非为？放心吧，不会有事的。"

他说这话时，听上去并不是十分有底气，因为这时候已经是乌云翻滚的时刻了，但从他的话里还是能听出满怀希望。显然，他不相信危险正在一点点临近……

6月8日，太阳照常升起。

人们说，太阳每天都是新的。

这一天的太阳从东方升起时，姚桐斌起床了。

他将窗帘打开时，正好看见太阳微微皱了一下眉，接着，又变成明晃晃的一片了。

又是个好天气。

还是星期六。

这样一想，他嘴角露出一丝幸福的微笑。因为，到了傍晚下班回家时，他就能看见洁清了。

星期六，是他们一家团圆的日子。

也是彭洁清最盼望的日子。

一过中午，她恨不得长出翅膀飞回来。

他也想她了，盼着她早点回家。

他也笑自己，结婚这么多年，两人的感情一点没淡，反而越过越浓。尤其是她，和他在一起的每一天都像过蜜月。

美中不足的是，她上班的地方太远，不能天天回家，只能一星期见一面。

她不能照顾家，照顾他和孩子们，已经很内疚了。

有关这一点，他总是安慰她说："你有这份心就可以了。家里有我呢，不用你这么操心。你只要身体好，我和孩子们就有福了。"

是的，今生娶她为妻，是他的福气。

吃完早饭，姚桐斌骑上自行车，提着热水瓶，来到研究所三楼办公室。

他进门的第一件事就是打扫卫生。

他习惯了自己动手扫地、抹桌子。

然后泡上茶，开始批阅文件。

其间，他出去办事，看见几名工作人员聚在一起朝窗子外面看。他走过去，明白了他们在看什么。他们告诉他那边开始武斗了。

姚桐斌朝外看了看，只见院墙外的远处聚集了很多人，有人扛着钢管，有人举着木棍，有人头戴柳条帽，还有一些人正在推推搡搡……

他对他们说："不要管他们，我们上我们的班，越是环境差，越要坚守岗位，努力工作，搞好科研生产。"

说完，他转身回办公室了。

此刻，他丝毫未意识到，再过几个小时，自己的宝贵生命会结束在这些人手里……

临近中午下班的时候，姚桐斌批改完关于卫星防热材料的文件和技术报告，并十分郑重地在报告上签上自己的名字。

这是他生平最后一次签名，竟成了他的绝笔！

时针指向十二点。

这是下班的时间。

姚桐斌又习惯性地开始收拾办公桌上的文件和材料。

桌上，只有一本《毛泽东选集》没有合上，正好翻到了《为人民服务》这篇文章上。

这篇文章，姚桐斌学习过许多遍，甚至有的章节已会背诵。或许他下午上班时还要接着学习。

他离开办公室，准备下楼回家吃饭。

外面的天空，已经变了，清晨的蓝天白云没有了，已是乌云密布。

楼里静悄悄的，只听见他一个人的脚步声在响。这声音如同放大了一样，让整栋楼有了些许回音。

这几天上班的人本来不多，按时下班的人则更少了。

"姚所长！"

有人喊了一声。

姚桐斌停住。

喊他的，原来是之前在他家住过的那位工人。

他提醒姚桐斌，外面正在武斗，让他不要从五营门出去。

姚桐斌点点头，向他表示感谢。

再往下走，到二楼时，又遇见一位工程师。

他和姚桐斌打招呼说："姚所长，您还在'抓革命，促生产'呢！"

姚桐斌笑了笑。

他又提醒说："外面正在武斗，您先别回家，等一等再说。"

姚桐斌一边接着下楼，一边说："谢谢你的好意。我还有工作要做，吃完午饭还得回来接着干。"

他又往下走，自言自语道："他们武斗和我有什么关系呢？我还有那么多事要做。光拿工资不做事，于心不安啊！"

另外，他心里还记挂着孩子们，毕竟她们的妈妈还没回家。

走出研究所办公大楼，他把一只提兜挂在车把上，扶了下眼镜，骑上那辆飞鸽牌自行车回家去了。

他完全不知道，自己的生命已经进入了倒计时，还剩三小时。

"爸爸回来啦！"

"爸爸回来啦！"

上学的两个女儿已放学回家了。

小罗汉也跑出来高兴地围着喊："爸爸、爸爸"。

姚桐斌进门后去洗了手和脸，又亲了亲女儿们，然后抱起小罗汉进饭厅，准备吃午饭。

他还未坐稳，还未来得及吃一口饭，外面突然传来粗暴的砸门声和吼叫声：

"开门开门！"

姚桐斌似乎意识到了什么，迅速将女儿哄进保姆的房间，伸出一只手指，放在唇边，示意他们不出声，然后关上门，才向大门走去。

还没等他打开家门，一伙人已经用钢管砸开了门，他们气势汹汹，破门而入。

"请问你们找谁？"姚桐斌礼貌地问。

"妈的，找的就是你！"

"为什么磨磨蹭蹭不开门？"来人继续骂，还打了姚桐斌好几个耳光。

打耳光，姚桐斌见过。他在无锡、在上海亲眼见过日寇打自己同胞耳光，汉奸打老百姓耳光。这让他感到无比屈辱和愤慨。

正是见过同胞受辱，使得姚桐斌奋发图强、刻苦钻研，立志用科学报效祖国。姚桐斌向往共产主义，自愿申请加入中国共产党，并发誓为此奋斗终生，永不叛党。

可今天，姚桐斌却被自己的"同志们"狠狠地打耳光！

姚桐斌紧闭双唇，不说话。

他甚至希望暴徒们小点声，不要吓着房间里他百般疼爱和呵护的孩子们。

但他的三个女儿已经受到惊吓，惊恐地瞪着大眼，想哭却不敢哭出声来，一直偎在保姆怀里打着哆嗦，嘴里喊着她们亲爱的"爸爸"。

姚桐斌很想说点什么，但暴徒们不容他说话，叫骂着把他推搡出家门，又粗野地把他从三楼往下推，一边推，一边拳打脚踢。

暴徒们把姚桐斌推到一楼的大门口时，又有几个头戴柳条帽、佩戴红袖章的同伙冲上来，左右开弓又打了他几个耳光，鲜血从姚桐斌嘴角流了出来。

有人居然把姚桐斌的眼镜一把夺去，摔在地上，用双脚把镜片踩得稀碎，嘴里还恶狠狠地骂：

"打死你这个'反动学术权威'！"

那些残忍杀害他的人，可曾想过那副眼镜的分量？它对于他有多么重要？它伴随了他多少个日日夜夜？

在试验室里、在显微镜前、在熔炉旁……就在前一个小时，它还架在他高高的鼻梁上，用来批改关于卫星防热材料的文件和技术报告。就是这样一副帮助他实现用科学报国梦想的眼镜，却被暴徒一把从他的脸上打到地下，踩得粉碎！同时，也踩碎了一位科学家报国的才华和梦想！这不仅仅是残忍，也不仅仅是犯罪，这是对中国航天事业的摧残！

在这些凶狠的暴徒施暴时，在他们把自己罪恶的脚尖踢向姚桐斌的下体，让他痛不欲生在地上打滚时，在他们用钢管狠狠击向姚桐斌的头部，结束他生命时，他们可曾想过这一切？

根据彭洁清回忆录中那段令人不忍直视的描述，当时的情形是这样的：有两个暴徒，一个是某厂的炊事员高某，用他切过肉、砍过骨头的手，另一个是七机部从某单位调来武斗的电工于某，用他那受过操作榔头训练的手，他俩各执一根暖气管，面目狰狞着，挥动暖气管朝姚桐斌的头部猛击下去，鲜血立刻冒出，姚桐斌倒了下去。

这种情形，今天读来，让人毛发倒竖，目眦欲裂！

暴徒们不在乎这是一颗多么智慧又才华横溢的头颅！

四十多年来，从小学、中学、大学、双博士，他一直出类拔萃。他是被所有教过他的老师和他所有的同学都欣赏和喜欢的翩翩君子。

这颗头颅就像台机器一样运转着，一直没停歇过。

他是一个坚韧的人，就是对失败，也从未妥协过，而他总能从失败里再成功，创造出殷殷的果实，奉献给他热爱的中国航天事业，并对未来充满无限憧憬。

他还经常对自己团队里的工程师、技术人员说："等'文化大革命'结束了，咱们还要大干一场！"

他也经常对挚爱的妻子说："洁清，以后甜蜜的日子还长着呢，我们还能为祖国工作二三十年！"

这就是姚桐斌。热忱、单纯、专一、敬业。这样的人，不会有心思去关注和警觉人世、人心的险恶，所以他的命运注定是悲惨的。他忘我工作、无私助人、热爱家庭，这些已经充满了他的全部生活，所以他无心顾及其他，但躲在黑暗处的厄运却没有放过他。

就在这一瞬间，愚昧和残暴无情地杀掉了一个顶尖的科学家！

多么可悲，一个科学的专才，成长需要几十年时间，而毁灭他仅需要几秒钟。

可这些暴徒，并未就此收手。

这些没有人性的暴徒，还把姚桐斌拖到他们的"总部"去邀功。

此时，姚桐斌已不能讲话，两眼发直，靠在一张木椅上，随后轰然倒在了地上。

"总部"的头们见此状，吩咐手下的人："把他搞走，别让他死在我们这里。"

他们就把姚桐斌又拖回到他家楼前的人行道上。向他猛踢几脚，又故意扯开嗓门大喊大叫："起来，别装死，自己滚回去。"说完，暴徒们扬长而去。

死，本来就是自然生命的结束。

彭洁清和姚桐斌也曾谈到过死亡。

彭洁清清晰地记得，那是一个中秋的夜晚，他们一家在阳台上赏月，当孩子们去睡觉后，她和他仍然留在外面。如水的月光，静静地铺洒下来，心田被幸福充填得满满当当，她对他喃喃细语："桐斌，我真希望能和你生生世世为夫妻。"

"你这个小迷信，哪有什么今生来世？"

"可我很小的时候，妈妈就告诉我要听话，说这世如果是乖孩子，来世也会投胎变人。"

"老人家信佛，你怎么也相信？"说完，他携起她的手，向卧室走去……

那时候，他们感觉离死亡还遥远着呢。

而现在，却已成为可怕的事实！

一位好心的邻居，发现了躺在地上奄奄一息的姚桐斌，立即上楼告诉了他家的保姆。

之后，他们向周围的人求助，想把姚桐斌送到不远处的医院抢救，但遭到了拒绝。

没办法，邻居只好把姚桐斌抬到家里，放在沙发上。

下午三时左右，一直昏迷不醒的姚桐斌停止了呼吸。

这位从国外留学归来的出色科学家，就这样惨死在家，年仅 45 岁。

老天看不下去了，为这场人间暴行发怒了，突然间狂风骤起，雷声大作，随即下起了滂沱大雨……

二十六

实在写不下去了。

可又不能不写。

问题是，姚桐斌死了，如何让挚爱他的妻子彭洁清接受这个残酷的事实？

她从周一熬到了周六下午，从学校紧赶慢赶地赶回家来，最盼望见到的，就是姚桐斌比她先下班，开着家门，坐在沙发上，一边看报纸一边等她回家。

这样的情景，在很多个星期六的下午都出现过，她希望今天仍然重现。

每次，她走到楼底下时，离家越近，脚步就越快，恨不得从一楼直接蹦到三楼。

一个星期没见到"亲爱的"和他们可爱的孩子们，她实在太想念他们了。

今天，她终于又回家了。

她三步并作两步走到家门口时，门突然打开了。

是保姆开的门，她啜泣着说："姚所长……被人打死了……"

"什么？你说什么？"

彭洁清一阵眩晕，手袋掉在了地上。还好手扶住门框，身体才没倒下去。

"不，这不是真的！绝不可能！这个女人瞎说！"

她绝不相信这个事实，这一定是个梦魇！

三个受了惊吓的孩子跑了出来，抱住她哭成一团。

懂事的孩子扶住妈妈走进了客厅。她看见姚桐斌直挺挺地躺在沙发上，白衬衣上血迹斑斑，灰裤子上也是污血和脏土。由于姚桐斌个子高大，两腿伸在沙发的扶手上，一只脚穿着布鞋和袜子，另一只脚光着。被打得浮肿的头，靠在另一头扶手上，玳瑁眼镜不见了……

就是昨天，她还追着同事在请教如何织毛衣，想给姚桐斌织一件毛衣作为生日礼物。心想，无论织成什么样，他都会喜欢，都会感受到她对他的情和爱，万万没想到，他没到46岁生日就惨遭杀害……

彭洁清的心在那一瞬间凉透了，浑身的血液也在那一瞬间被全部抽空，此时她已心痛到不知什么是痛了。天旋地转、万箭穿心，这些词汇都不足以形容她此刻的感觉，如果非要来形容那种感觉的话，那就是仿佛天塌了。她觉得整个天空都垮了下来，她的整个身体一直在向一个寒冷的深渊坠落……

彭洁清自己都不知道是什么时候抱紧了姚桐斌。她也不知道什么时候，她猛然醒悟过来，她的桐斌、她深爱的丈夫没有了，她的孩子们再也没有父亲了……

她不相信这是真的，她不相信正直、热情、聪慧、善良的一个大活人，就在离她几步远的地方永远闭上了双眼，消失了，永远离开了，离开了所有深爱着的人。

这不是一场噩梦，这是让她无论如何都不能接受的残酷事实……

6月9日，一高一矮两名军代表来到姚家，他俩的身后还跟着几名解放军战士。他们抬着几个放着冰块的大桶，把冰块倒进浴缸，再把姚桐斌的遗体从客厅抬过去，又在他的四周放上冰块。为了保持浴室内的低温环境，他们又将所有门窗关闭，让室内温度降下来。

军代表有些无奈地说："我们已经和几家医院联系了，都说没地方停放遗体。"他还表示，将派战士早晚各送一次冰块。

他们走了。家里只剩下彭洁清和三个孩子孤零零地守着遗体。

彭洁清托人把噩耗通知姚桐斌在北京工作的弟弟，以及在成都的大学里教书的妹妹和妹夫。他们手足情深，得知哥哥被杀害，也十分悲痛。

姚桐斌的妹妹和妹夫来京后，暂住他家，照料彭洁清和孩子们。

在整理姚桐斌的遗物时，发现姚桐斌除了中外文书籍外，只有几套换洗的衣服。

妹夫感叹说："唉，工作这么多年，还是和做学生时一样，不讲究吃穿。"

妹妹手捧着衣服，泣不成声地说："每月一发工资，哥哥除了给母亲寄生活费外，还给我们寄营养品。前一两天，我们刚刚收到他寄来的奶粉和白糖。谁知紧接着就收到了他被害的电报……二哥，你为什么会落到这样凄惨的下场啊！天下竟然有人将如此温和善良的人活活打死，他们有人性吗？"

6月11日晚，两名军代表和几名战士一起将姚桐斌的遗体从家里抬出，运到海军医院进行解剖。自6月8日被害后，他的遗体因无法送医院停放，一直在家里放了三天。

6月12日，法医作出了姚桐斌的遗体检验报告。鉴定书中的文字太血腥，我实在抄不下去，只将结论摘录于下：1.被钝器猛击头部，造成重度开放性颅脑损伤，引起死亡；2.左顶部外侧前后纵行的几处挫裂伤是致命伤。

直到今天都不能想象，凶手们为什么对姚桐斌这么残忍？为什么一定要置他于死地？

从事后审讯杀人者的记录来看，促使他们杀死姚桐斌的动机简直匪夷所思。他们既不是被人指使，也不是虚构"特务、间谍"的罪名，更不是与姚桐斌有什么私仇，而仅仅是因为那个时代给了他们可以夺取他人生命的权利……是不受限制的人性之恶，使他们把杀人当成一种乐趣！

多么可怕！

人性之恶，可以在某种特定条件下，残暴到如此地步！虽然这些人最终没能逃过迟到的正义惩罚，但那样一个非常时期的出现，却需要我们时刻警醒和反思。

二十七

姚桐斌遇害的消息，惊动了中央。

让周恩来总理震惊又愤怒。

他马上指派粟裕大将去调查。

姚桐斌的死，提醒了周总理，他开始担心其他专家的生命安全。命令七机部军代表开列出一份有重大贡献的科学家名单，并要求对他们加以保护，并明确指示："要放哨，谁迫害这些科学家，就把他们抓起来。"

任新民也是"两弹一星功勋奖章"获得者，每次提到"文革"时，都对姚桐斌惨遭杀害表示无限惋惜。他说由于自己是搞火箭发动机的，不是搞材料的，在材料问题上遇到困难都去找姚桐斌想办法。

任总说，"姚桐斌每次都仔细和我们讨论我们需要的材料，及其应用特点，然后把它们提给其他部门，如科学院、冶金部、化工部等研究和生产部门，并和这些部门合作一起搞。将这些研究材料拿回来后，他还要对其性能特点再进行研究，并根据我们的设计要求，把这些材料应用到发动机上去。"

任总还提到，"当时，我们国家的工业还比较落后，一切都得从头来。为了某些航天材料，老姚得向主管部门打报告，申请成立有关的研究所，开工厂，来进行研究。因此，可以说'两弹一星'带动了我国科学技术和工业的进步。"

有人问另一位火箭发动机专家是怎样度过"文革"的，他说："在'文革'时，比起别人来，我是幸运的，我只蹲过三天'牛棚'，上台被批斗过一次，之所以能这样，是以我一位同事的生命为代价的，是因为得到了我所尊敬的伟人的保护……"

很明显，他说的这个同事就是姚桐斌，伟人就是周恩来总理。

但在那个一片混乱的时期，有派性保护，抓到真凶是几乎不可能的事，但周总理却对此事念念不忘。他在一次会上，在谈到姚桐斌被害的惨案时，又气得站起来愤怒地说："国家需要姚桐斌这样的专家，现在他被打死了，却连凶手都找不到。

我限期你们把凶手找出来，否则拿你们的头头是问！"

在这种压力下，派性组织被迫交出了一个凶手，但另一个凶手却依旧逍遥法外。使此案仍然不能了结。

1974 年，周恩来总理着手整顿全国的经济、教育和科学等工作，在他的努力下，许多老干部的名誉得以恢复，回到了原来的工作岗位上。

5 月 7 日，李先念在姚桐斌妻子彭洁清将姚桐斌被害以及凶手至今尚未受到制裁的申诉报告上批示："真是草菅人命，虽然事隔多年，仍应坚决把问题查清楚，首犯应得到惩处……"

根据李先念的批示，时任公安部部长华国锋起草了一份报告，经周恩来、叶剑英、李先念和邓小平等中央领导圈阅后，批准公安部逮捕了于姓、高姓两个杀人主犯。

迟到的正义终于降临。

此时，已是 1974 年夏天，距他们行凶杀人的日子已过了六年之久。

直到 1979 年 4 月，北京市中级人民法院对两个行凶并致人死亡的主犯分别判处有期徒刑 15 年和 12 年。

杀人者未偿命。

每次看到这里，我总会想，心胸宽厚的姚桐斌，看到这样的判决结果，可以接受并原谅吗？

姚桐斌的爱妻还在申诉。

新上任的七机部部长宋任穷接受了彭洁清的申诉报告，并将它转给了中央，还为此事向邓小平等中央领导建议，追认姚桐斌为烈士，并在全国科学大会召开时，举行追悼会。

经中央批准，姚桐斌的追悼会定于 1978 年 3 月 18 日召开。

这一天，正是全国科学大会在人民大会堂召开的日子。

这次大会的召开，提出了我国科学发展的一系列重要方针政策，提高了科学技术在建设社会主义现代化国家中的地位和作用，对我国科学技术发展产生了积极的作用，中国的科学技术发展迎来了温暖的春天。

可惜，姚桐斌却无法感受这春天的温暖。

三月的北京，仍然很冷。18 日上午八时三十分，原七机部一院党委委员、材料及工艺研究所所长——姚桐斌同志的追悼会在八宝山革命公墓礼堂举行。著名科学家钱学森，中国人民解放军副总参谋长彭绍辉，中共中央部门领导罗青长、冯铉及院领导参加了追悼仪式。

聂荣臻元帅办公室，给彭洁清的电话里说："聂帅近日身体不好，无法参加姚桐斌同志追悼会，他感到很抱歉，聂帅指示我们送花圈，并请你务必节哀。保重身体。"

粟裕大将也送来花圈和一封唁电：

姚桐斌同志是一位优秀的科学家……七机部党
组织为姚桐斌同志昭雪，并举行安灵仪式……谨此
对姚桐斌同志表示悼念，并向他的家属表示慰问。

粟裕

一九七八年三月十八日

虽然备极哀荣，无奈死者已矣，不能复生，怎么不让所
有的生者，尤其是其亲人哀痛！

1983 年，中华人民共和国民政部为姚桐斌同志颁发了《革
命烈士证明书》。

在烈士证明书上记录着牺牲的时间和原因等信息，上面
写的是：

1968 年 6 月 8 日无故遭坏人毒打，不幸牺牲。

彭洁清将《革命烈士证明书》复印了几份，给每个孩子
一张，立此存照。

可以告慰英灵的是，人们并没有忘记他。由于他对我国战
略导弹技术的贡献，1985 年，钱学森、屠守锷、姚桐斌、郝复俭、
梁思礼、庄逢甘等科学家荣获"国家科学技术进步奖"特等奖。

很可惜的是，姚桐斌永远不可能出席领奖。

但这表明，他虽然离开人间多年，人们并没有忘记他！

1999 年 9 月上旬，彭洁清已经买好机票，准备去美国看望女儿。一天，她正在逛商店，想买些特色礼品，带出去送友人。这时，她的手机响了起来。

"哎呀，找到您好不容易。本月 18 日将在人民大会堂举行重要会议，请您参加。"

可她买好了 15 日的机票，怎么可以改日期呢？

电话那头告诉彭洁清，那是一个颁奖大会，请她务必出席。机票延迟的事他们负责处理。

9 月 18 日，一辆轿车把彭洁清接到了人民大会堂。

彭洁清走进大会堂时，人们都已经落座了。

几分钟后，党和国家领导人也登上主席台。

在这次大会上，时任国家主席江泽民亲自给这些"两弹一星功勋奖章"获得者佩戴奖章，号召全国人民向获此殊荣的 23 位功臣学习他们热爱祖国、无私奉献、自力更生、艰苦奋斗、大力协作、勇于登攀的精神。

这是党和政府对每位功臣的最高嘉奖。

也是在这次大会上，江泽民主席还说："许多功成名就、才华横溢的科学家放弃国外优厚的条件，义无反顾地回到祖国。他们中许多人，为了祖国的科研事业，默默奋斗，甘当无名英雄，有的甚至献出了宝贵的生命……"

听到这里，彭洁清再也控制不住自己，她心潮澎湃，激动的泪水止不住涌出眼眶。她知道江泽民主席说的无名英雄里，就有她挚爱的丈夫，她的姚桐斌。此时，她在心里有许许多多话想对姚桐斌说，但她最想告诉他的一句话是：罪恶之手可以夺走你的生命，但没有人可以夺走你的荣誉，因为你的荣誉活在祖国的航天事业里，活在党和人民的记忆中。

2000 年 9 月 15 日，材料及工艺研究所为姚桐斌铸立了一尊 2 米高的塑像，并隆重举行了揭幕仪式。人们在塑像前缅怀姚桐斌。赞扬他渊博的知识、高尚的品德，赞扬他爱党爱国、忘我工作、不为名利、任劳任怨的精神。

比他小两三代的年轻人，也被这位前辈的事迹打动和感染，誓言要以这位先驱为榜样，将他的宝贵精神发扬光大。

由于健康原因，钱学森未能出席仪式，但他为自己的老部下、老同事、老战友写下了这两句评语：

鞠躬尽瘁为航天，德昭日月感后人。

225

这正是对姚桐斌短暂又辉煌一生的总结。

此时的彭洁清已泣不成声。她再三感谢每个在姚桐斌遇害的三十多年里，仍然记得他、怀念他的人。

2005 年 9 月，姚桐斌故居在无锡黄土塘镇修复开放，现已成为无锡市锡山区的爱国主义教育基地和科普教育基地。

姚桐斌故居始建于 1947 年，现保存完好。2002 年被命名为省级文物保护单位。里面收集了有价值的资料和实物，有姚桐斌生平事迹陈列室，供后人瞻仰。

尽管这一切荣誉晚来了几十年，但姚桐斌却无愧于所有这一切迟来的纪念。

真正可以告慰姚桐斌的是，中国的航天事业已今非昔比，它把姚桐斌当年的航天梦，变成了令国人自豪，让世界震惊的现实。在中华民族伟大复兴的征途上，航天人将是走在最前列的尖兵，在这个耀眼的方阵里，我们会看到姚桐斌不朽的身影……

2023 年 6 月 26 日一稿

2023 年 7 月 6 日二稿